JORGE
BUCAY

LAS 3
PREGUNTAS

HOJAS DE RUTA

JORGE
BUCAY

LAS 3
PREGUNTAS

DEL NUEVO EXTREMO

Biblioteca
Jorge
Bucay

LAS 3 PREGUNTAS

© 2008, 2017, Jorge Bucay

Diseño de sobrecubierta, portada y guardas:
Estudio Sagahón / Leonel Sagahón

© 2017, Editorial del Nuevo Extremo, S.L.

D. R. © 2017, Editorial Océano de México, S.A. de C.V.
Eugenio Sue 55, Col. Polanco Chapultepec
C.P. 11560, Miguel Hidalgo, Ciudad de México
Tel. (55) 9178 5100 • info@oceano.com.mx

Para su comercialización exclusiva en México, países de Centroamérica,
Estados Unidos, República Dominicana y Cuba

Tercera edición: 2017

ISBN: 978-607-527-325-9

Impreso en México / Printed in Mexico

ÍNDICE

ME GUSTARÍA SER

Una tarde, hace muchísimo tiempo, Dios convocó a una reunión.
Estaba invitado un ejemplar de cada especie.
Una vez reunidos, y después de escuchar muchas quejas,
Dios soltó una sencilla pregunta: "¿Entonces, qué te gustaría ser?".
A la que cada uno respondió sin tapujos y a corazón abierto:
La jirafa dijo que le gustaría ser un oso panda.
El elefante pidió ser mosquito.
El águila, serpiente.
La liebre quiso ser tortuga, y la tortuga, golondrina.
El león rogó ser gato.
La nutria, carpincho.
El caballo, orquídea.
Y la ballena solicitó permiso para ser zorzal...
Le llegó el turno al hombre,
quien, casualmente, venía de recorrer el camino de la verdad.
Él hizo una pausa, y por una vez esclarecido, exclamó:
—Señor, yo quisiera ser... feliz.

Vivi García

PREFACIO

Gran parte de las ideas que aparecen en este libro y la mayoría de sus cuentos fueron publicados hace ya diez años en la edición de los cuatro caminos, una serie de ensayos que formaban parte de una colección que se dio en llamar *Hojas de ruta* y que intentaban actuar como una descripción personal de los caminos que creo necesario recorrer en la permanente búsqueda que todos hacemos de la felicidad.

Hoy, actualizados y reordenados, estos conceptos vienen convocados para intentar contestar las tres preguntas que, desde siempre, acompañan a todas las culturas. Las tres preguntas existenciales básicas:

¿Quién soy?

¿Adónde voy?

¿Y con quién?

En uno de aquellos ensayos, el de la felicidad, yo mismo prologaba aclarando que nunca había pensado que llegaría a escribir sobre la felicidad. Me preocupaba entonces, como ahora, que se pudiera malinterpretar la frase que servía de epígrafe de aquellas *Hojas de ruta*:

Un mapa para encontrar
el camino hacia la felicidad.

Todavía hoy me perturba la idea que parece inferirse de esa frase. Si no lo aclarara, alguien podría creer que hay UNA fórmula, UN camino y UNA manera de ser feliz y además podría pensar que yo lo he descubierto, que la tengo en mi poder y que intento ponerla por escrito para compartirla como si se tratara literalmente de una receta de cocina.

Supongo que también ahora algunos se podrán sentir decepcionados al escuchar que hoy, muchos años después y con algunos caminos diferentes recorridos, sigo sin encontrar la fórmula de la felicidad y, quizá por eso, sigo creyendo que no existe. Pero agrego algo más, sospecho que quizá no deberíamos perder demasiado tiempo en buscar la receta. Estoy convencido de que sería más que suficiente ocuparnos mejor, más sanamente y con vehemencia de todo aquello que nos impide ser felices.

Después de todo, ¿qué otra cosa son nuestros problemas más que obstáculos o barreras en el camino de la búsqueda de realizarnos como personas? ¿Qué otro tema podría ocuparnos más que ese objetivo, aun cuando a muchos, como a mí, nos cueste definirlo con una palabra?

Algunos lo llaman "autorrealización", otros "conciencia continua" o "darse cuenta", para algunos equivale a un estado de iluminación o de éxtasis espiritual, unos pocos lo identifican con encontrar la ansiada paz interior y otros tantos prefieren conceptualizarlo llamándolo sencillamente "sentirse pleno".

Lo cierto es que, lo hayamos pensado o no y lo llamemos como lo llamemos, todos sabemos que ser felices es nuestro más importante desafío. De ahí que la búsqueda de la felicidad sea un tema tan profundo y tan necesitado de estudio como lo son el amor, la dificultad de comunicación, la postura frente a la muerte o la misteriosa distorsión de pensamiento que lleva a un ser humano a creer que tiene derechos sobre la existencia de otro.

En este camino de descubrimientos habrá quienes se pierdan en el trayecto y se condenen a llegar un poco tarde y habrá, también, quienes encuentren un atajo y se transformen en expertos guías para los demás.

Maestros que posiblemente no sepan darnos la fórmula mágica, pero que son capaces de enseñarnos que hay muchas formas de llegar, infinitos accesos, miles de maneras, decenas de rutas que nos llevan por el rumbo correcto.

De muchos de ellos aprendí que todos los caminos son válidos y diferentes pero se superponen en un punto: el de la humana necesidad de encontrar respuesta a las preguntas más importantes, aquellas que todos nos hacemos en algún momento y que hoy son motivo de este libro.

De todas las preguntas hay algunas que son imprescindibles.

Son las tres preguntas existenciales que acompañan a la humanidad desde el comienzo del pensamiento formal.

Preguntas que, al formar parte de todas las rutas trazadas, no se pueden esquivar.

Preguntas que habrá que responder una por una si es que se pretende enfrentar aquel desafío que Carl Rogers llamaba "el proceso de convertirse en persona", porque solamente en la búsqueda honesta de las respuestas a estas preguntas se aprende todo lo que es imprescindible saber para seguir adelante.

Dicho de otra forma, cada uno de los tres interrogantes implica un desafío ineludible: el de la búsqueda de respuestas. Conciencia de un proceso que muchas veces transita por caminos que se imbrican y superponen pero que se aparecen y nos invitan a recorrerlos en una secuencia siempre idéntica.

> ¿Quién soy?
> ¿Adónde voy?
> ¿Con quién?

Tres desafíos, tres caminos, tres preguntas para contestar en ese riguroso orden.

Para evitar la tentación de dejar que sea quien está conmigo el que termine decidiendo adónde voy.

Para evitar caer en el error de definir quién soy a partir de quién me acompaña.

Para no pretender definir mi rumbo desde lo que veo del tuyo.

Para no permitir que nadie quiera definirme en función del rumbo que elijo y mucho menos confundir lo que soy con esta parte del camino que voy recorriendo.

Primero lo primero —decía mi abuelo; y después, guiñando un ojo, agregaba—: porque lo último siempre conviene dejarlo para el final.

Y el primer desafío es el del proceso de descubrir **quién soy**.

El encuentro definitivo con uno mismo.

El trabajo de aprender a NO depender.

El segundo es el desafío de decidir **adónde voy**.

La búsqueda de plenitud y de sentido.

Encontrar el propósito fundamental de nuestra vida.

Y el tercero, el desafío de elegir **con quién**.

El encuentro con el otro y el coraje de dejar atrás lo que no está.

El proceso de abrirse al amor y de hallar nuestros verdaderos compañeros de ruta.

Me he pasado gran parte de mi vida consultando los apuntes que otros dejaron registrados en sus mapas. Consejos y sabiduría de muchos que me ayudaron a retomar el rumbo cada vez que me perdía. He dedicado casi todo el resto de mi tiempo a trazar en ideas mis propios mapas del recorrido.

Quizá las cambiantes respuestas que fui encontrando puedan servir a alguno de los que, como yo, suelen animarse al descubrir que otros llegaron al mismo lugar por diferente camino. Ojalá puedan ayudar también a los que, en lugar de respuestas, prefieren encontrar sus propias preguntas.

Obviamente, no hay que ceñirse a los conceptos que establezco en las siguientes páginas; como se sabe, el mapa nunca es el territorio y será responsabilidad de cada lector ir corrigiendo el recorrido cada vez que su propia experiencia encuentre que el que suscribe está equivocado.

Sólo así nos encontraremos al final. Tú con tus respuestas, yo con las mías.

Querrá decir que las encontraste.

Querrá decir que también lo conseguí yo.

LA PRIMERA PREGUNTA: ¿QUIÉN SOY?

1. LA ALEGORÍA DEL CARRUAJE

Un día, suena el teléfono.

La llamada es para mí.

Apenas atiendo, una voz muy familiar me dice:

—Hola, soy yo. Sal a la calle. Hay un obsequio para ti.

Entusiasmado, me dirijo a la acera y me encuentro con el regalo. Es un precioso carruaje estacionado justo, justo frente a la puerta de mi casa. Es de madera de nogal lustrada, tiene herrajes de bronce y lámparas de cerámica blanca, todo muy fino, muy elegante, muy "chic".

Abro la portezuela de la cabina y subo. Un gran asiento semicircular tapizado en pana burdeos y unos visillos de encaje blanco le dan un toque de realeza al cubículo. Me siento y me doy cuenta de que todo está diseñado exclusivamente para mí: está calculado el largo de las piernas, el ancho del asiento, la altura del techo... Todo es muy cómodo, y no hay lugar para nadie más.

Entonces, miro por la ventana y veo "el paisaje": de un lado, la fachada de mi casa; del otro, la de la casa de mi vecino... Y digo: "¡Qué maravilloso este regalo! Qué bien, qué bonito...". Y me quedo disfrutando de esa sensación.

Al rato, empiezo a aburrirme; lo que se ve por la ventana es siempre lo mismo.

Me pregunto: "¿Cuánto tiempo puede uno ver las mismas cosas?". Y empiezo a convencerme de que el regalo que me hicieron no sirve para nada.

De eso me ando quejando en voz alta, cuando pasa mi vecino, que me dice, como adivinándome el pensamiento:

—¿No te das cuenta de que a este carruaje le falta algo?

Yo pongo cara de "qué-le-falta" mientras miro las alfombras y los tapizados.

—Le faltan los caballos —me dice antes de que llegue a preguntarle.

Por eso veo siempre lo mismo —pienso—, por eso me parece aburrido...

—Cierto —digo yo.

Entonces, voy hasta el corralón de la estación y consigo dos caballos, fuertes, jóvenes, briosos. Ato los animales al carruaje, me subo otra vez y, desde dentro, grito:

—¡¡Eaaaaa!!

El paisaje se vuelve maravilloso, extraordinario, cambia permanentemente y eso me sorprende.

Sin embargo, al poco tiempo empiezo a sentir cierta vibración en el vehículo y una rajadura se insinúa en uno de los laterales.

Son los caballos que me conducen por caminos terribles; atraviesan todos los pozos, se suben a las veredas, me llevan por barrios peligrosos.

Me doy cuenta de que no tengo ningún control de nada; esas bestias me arrastran a donde ellas quieren.

Al principio, me pareció que la aventura que se presentaba era muy divertida, pero, al final, siento que esto que pasa es muy peligroso.

Comienzo a asustarme y a darme cuenta de que esto tampoco sirve.

En ese momento, veo a mi vecino que pasa por allí cerca, en su coche. Lo insulto:

—¡Qué me hizo!

Me grita:

—¡Te falta el cochero!

—¡Ah! —digo yo.

Con gran dificultad y con su ayuda, sofreno los caballos y decido contratar a un cochero.

Tengo suerte. Lo encuentro.

Es un hombre formal y circunspecto, con cara de poco humor y mucho conocimiento.

A los pocos días, asume funciones.

Me parece que ahora sí estoy preparado para disfrutar verdaderamente del regalo que me hicieron.

Me subo, me acomodo, asomo la cabeza y le indico al cochero adónde quiero ir.

Él conduce, tiene toda la situación bajo control. Él decide la velocidad adecuada y elige la mejor ruta.

Yo, en la cabina... disfruto del viaje.

Esta pequeña alegoría que ilustró una vez *El camino de la autodependencia*[1] debería servirnos para entender el concepto holístico del ser, tal como se lo entiende a lo largo de todo este tratado.

Como producto de la unión de dos pequeñísimas células y del deseo de dos personas, hace muchos años fuimos concebidos. Y aun antes de nacer ya habíamos recibido el primer regalo: nuestro **cuerpo**.

Una especie de carruaje, diseñado especialmente para cada uno de nosotros. Un vehículo capaz de adaptarse a los cambios,

---

1 *El camino de la autodependencia*, Océano, México, 2000.

capaz de modificarse con el paso del tiempo, pero diseñado para acompañarnos durante todo el viaje.

En aquel momento, a poco de dejar nuestra protegida "casa materna", ese cuerpo nuestro registró un deseo, una necesidad, un requerimiento instintivo, y se movió.

El cuerpo sin **deseos**, necesidades, pulsiones o afectos que lo impulsen a la acción sería como un carruaje que no tuviese caballos.

En nuestras primeras horas, con llorar y reclamar casi tiránicamente la satisfacción de nuestros apetitos era suficiente. De hecho bastaba con estirar los brazos, abrir la boca o girar la cabeza con una mínima sonrisa para conseguir lo que queríamos, sin peligro.

Sin embargo, pronto fue quedando claro que los deseos, dejados a su aire, podrían conducirnos por caminos demasiado arriesgados, frustrantes y hasta peligrosos. Nos dimos cuenta de la necesidad de sofrenarlos.

Aquí apareció la figura del cochero: en nosotros, nuestra mente, nuestro **intelecto**, nuestra capacidad de pensar racionalmente.

Un eficiente cochero encargado de dirigir nuestro trayecto, cuidándonos de algunos caminos llenos de peligros innecesarios y riesgos desmedidos.

Cada uno de nosotros **es**, por lo menos, los tres personajes que intervienen en la alegoría durante todo el camino, es decir, a lo largo de toda nuestra vida: somos el carruaje, somos los caballos y somos el cochero, al igual que somos el pasajero. Somos nuestro cuerpo, somos nuestros deseos, necesidades y emociones, somos nuestro intelecto y nuestra mente, tanto como somos nuestros aspectos más espirituales y metafísicos.

La armonía deberemos construirla con todas estas partes, cuidando de no dejar de ocuparnos de ninguno de los protagonistas.

Dejar que el cuerpo sea llevado sólo por los impulsos, afectos o pasiones, puede ser y es sumamente peligroso. Necesitamos de la mente para ejercer cierto orden en nuestra vida.

El cochero sirve para evaluar el camino, la ruta. Pero quienes realmente tiran del carruaje son los caballos. No debemos permitir que el cochero los descuide. Tienen que ser alimentados y protegidos, porque... ¿Qué haríamos sin los caballos? ¿Qué sería de nosotros si fuéramos solamente cuerpo y cerebro? Si no tuviéramos ningún deseo, ¿cómo sería la vida? Sería como la de esa gente que va por el mundo sin contacto con sus emociones, dejando que solamente su cerebro empuje el carruaje.

Obviamente, tampoco podemos descuidar el carruaje. Y esto implicará reparar, cuidar, afinar lo que sea necesario para su mantenimiento, porque nos debe durar todo el trayecto. Si nadie lo cuida, el carruaje se rompe y, entonces, el viaje puede terminarse demasiado pronto.

Solamente cuando puedo incorporar esto, cuando tomo conciencia de que soy mi cuerpo, mis manos, mi corazón, mi dolor de cabeza y mi sensación de apetito, cuando asumo que soy mis ganas, mis deseos y mis instintos a la vez que mis amores y mis enojos; cuando acepto que soy, además, mis reflexiones, mi mente pensante y mis experiencias... solamente entonces estoy en condiciones de recorrer adecuadamente el mejor de los caminos para mí, es decir, el camino que hoy me toca recorrer.

2. PADRES E HIJOS: UN VÍNCULO PARA EL CRECIMIENTO Y LA DISCORDIA

Cualquier criatura viva, por vulnerable que sea al nacer, desde los más simples unicelulares hasta los animales más avanzados, tiene, grande o pequeña, alguna posibilidad de sobrevivir aunque ninguno de sus padres esté cerca en ese momento para hacerse cargo de su cuidado y alimentación.

Desde los insectos, que son absolutamente no dependientes cuando nacen, hasta los mamíferos más desarrollados que, a las pocas horas de nacer, pueden ponerse en pie y buscar la teta de la propia madre o caminar hasta encontrar otra, todos tienen una posibilidad, aunque sea una en un millón.

Por poner sólo un ejemplo concreto, recordemos el caso de las tortugas de mar. En esta especie, las madres recorren con enorme dificultad y torpeza más de doscientos metros por la playa hasta poner entre las dunas centenares de huevos, taparlos con arena y, luego, volver al mar.

Cuando las pequeñas tortugas nacen, la inmensa mayoría no consigue llegar hasta el agua. Las indefensas tortuguitas son devoradas por las aves y los reptiles o se calcinan al sol... A pesar de las dificultades, una o dos de cada mil consiguen sobrevivir.

En cambio, el bebé humano, abandonado a su fuerza e instinto, no tiene ninguna posibilidad de superar las primeras horas de vida, ni siquiera una entre un millón. El bebé recién nacido es total y absolutamente dependiente.

De hecho, para los que hemos estudiado al menos un poco de biología, está muy claro que el bebé humano recién nacido es el ser vivo más frágil, dependiente y vulnerable que existe en la creación. En la especie humana nacer es siempre una situación de amenaza y peligro para los pequeños recién llegados, sea cual sea su raza, en cualquier latitud y en cualquier época.

La solución que la naturaleza encontró para resolver esta excesiva dependencia de los bebés humanos fue diseñar, como compensación, una relación en la que difícilmente los padres pueden abandonar a los hijos. El instinto o el amor (elijo pensar en el amor) nos lleva a sentir a estos "cachorros" como lo que, de alguna manera, son (biológicamente hablando) una parte de nosotros. Dejarlos indefensos o abandonados de nuestro cuidado sería una mutilación voluntaria; algo parecido a pretender renunciar a una parte del propio cuerpo.

Así, la naturaleza aparece para asegurar la vida de los recién paridos, protegiéndolos del abandono de los padres, que dada su indefensión sería mortal, consiguiendo por medio de la fuerza del instinto que alguien quede al cuidado del vulnerable bebé.

No se quiere a un hijo con el mismo amor que se quiere a todos los demás. Con una hija o con un hijo nos pasan cosas que con el resto de las personas no nos suceden. No sólo los queremos incondicionalmente sino que además los queremos de una manera diferente, los queremos como si fueran una parte de nosotros, como uno quiere a su mano, como yo quiero a mis ojos. Quizá más...

Esta sensación autorreferencial, yo la creo común a todos los padres y es impulsada por el instinto que nos empuja sin pensarlo a cuidar y proteger a nuestros hijos y, de alguna manera, nos impulsó a concebirlo. El instinto de preservación de la especie, más allá de nuestro consciente deseo, germina en cada uno cierta "necesidad" de tener hijos o cierta insatisfacción al no tenerlos. Si lo analizáramos brutal y fríamente, quedaría claro que si uno estuviera totalmente satisfecho con su vida, si todo lo que tiene fuera suficiente, si uno no sintiera la necesidad de trascender o el deseo de realizarse como padre o madre construyendo una familia, posiblemente no tendría hijos.

Es nuestra necesidad —sea educada, natural o pautada, sea instintiva, cultural o personal— la que nos motiva a tomar la decisión de tener un hijo.

Como siempre sucede, ningún aspecto humano está exento de contradicciones; la fuerza motivadora de este primitivo instinto, además de aportar ciertas garantías de procreación y la posterior atención de los hijos, genera problemas y conflictos. Un hombre y una mujer que deciden transformarse en familia teniendo hijos, dan un paso hacia su trascendencia, asumiendo una innegable responsabilidad respecto de lo que sigue, pero también descubren, aunque no lo deseen, un irremediable conflicto de intereses entre sus deseos personales y apetencias egoístas y las necesidades del recién llegado bebé. Además nunca es sencillo ser carcelero y libertador y, para los padres, esto es particularmente difícil. Los hijos son tratados y cobijados como si fueran una prolongación de sus padres aunque ambos se dan cuenta de que parte de su tarea (quizá la más importante como educadores) es hacer de ellos seres íntegros y separados de la pareja, a los que deberán capacitar y entrenar para el momento de su partida.

También los hijos gozan y padecen por igual esta vivencia paterna y materna de ser uno con ellos. Muy reforzadora de afectos y agradablemente donadora de mimos y caricias en los primeros años de vida, se vuelve muchas veces una pesada carga a medida que pasan los años.

Educación: enseñanza y aprendizaje

Un porcentaje importante de todo el conocimiento adquirido a lo largo de la vida se transmite de padres a hijos.

Llamaremos a una parte "educación formal", que se realiza a través de mandatos, consejos, recomendaciones, premios y castigos. Otra, la "no verbal", se transmite a través de la comunicación no puesta en palabras y se vuelve muy importante por la fuerte tendencia natural de los niños a la imitación del ejemplo.

Una más, al fin, imposible de medir o prever, es la enseñanza que se transmite de generación en generación, incluida la que contiene nuestro material genético. Discutida muchas veces y confundida con las influencias de la sociedad y la cultura, hoy casi todos los estudiosos de la conducta humana reconocen que existe un caudal de información que nace con nosotros y que agrega un saber "heredado" que nos dice lo que nunca aprendimos, sin conciencia de su peso ni de cómo esos datos condicionan nuestra manera de ser en el mundo.

Sobre todo esto, sumado a sus experiencias en la interacción con el mundo externo al entorno familiar, incluidas sus propias vivencias, sus maestros y los episodios puntuales de sus vidas, nuestros hijos tendrán que montar sus estructuras morales, éticas y sociales. Suya será la tarea de llevar nuestro legado más allá de donde nuestras limitaciones lo dejaron. Ellos son, sin lugar a dudas, como enanos subidos a los hombros de gigantes, y por eso, aunque sean más pequeños, podrán siempre (y a veces gracias a nosotros) ver más lejos. Y sus hijos verán, afortunadamente, aún más lejos que ellos.

En un mundo que cambia tan vertiginosamente, esto es más que una simple ventaja; es más bien una condición de supervivencia para la humanidad como un todo.

Suelo decir que nosotros fuimos educados según la vieja metáfora que señalaba que la educación no era dar pescado, sino enseñar a pescar. Hoy día esto sigue pareciendo hermoso, pero no es operativo.

Si les regalo a mis hijos una caña y les enseño a pescar, como dice la parábola, podré haberles sido útil o no, pero mi enseñanza se volverá rápidamente anacrónica y la herramienta recibida, cualquiera que sea, será insuficiente. Es posible que cuando ellos sean adultos no haya un solo pez que se pueda pescar con esta caña que yo les enseñé a usar. Y si les enseño sólo eso, es muy posible que los condene a pasar hambre.

En el mundo en que vivimos, la nueva tarea de los padres es enseñar a los hijos a crear y construir sus propias herramientas. Conseguir que sean capaces de fabricar su propia caña, tejer su propia red, diseñar sus propias modalidades de pesca. Y, para eso, lo primero es admitir con humildad, que, siguiendo con la metáfora, enseñarles a pescar cómo yo pescaba no va a ser suficiente y quizá ni siquiera sea útil.

Esta incapacidad de los padres para entrenar a sus hijos en los problemas que van a tener, se fue haciendo cada vez más evidente durante el siglo XX, motivada sobre todo por un factor que los científicos denominan el TDC: Tiempo de Duplicación del Conocimiento. Este índice mide cuánto tiempo es necesario para que se duplique la totalidad del conocimiento humano. El acortamiento progresivo de ese índice, que en la actualidad es de veinte años, es el causante, junto con otras cosas, de una gran parte del deterioro y desprestigio de la relación entre padres e hijos. Y el panorama no es alentador en este sentido, ya que se prevé que dentro de medio siglo los conocimientos globales de la humanidad se dupliquen como promedio cada cinco años.

Padres sobreprotectores. Hijos rebeldes

Hacia finales del siglo XIX, la psicología asistencial prácticamente no existía.

Su campo de estudio se limitaba a explicar las respuestas humanas vitales, los procesos neurológicos relacionados con la percepción o la memoria y algunas otras pocas cosas. La que sí se ocupaba del desarrollo de las personas era la pedagogía, la ciencia de la educación.

Un congreso sobre pedagogía y matrimonio realizado en Francia en el año 1894 dejaba entre sus conclusiones la aseveración que sigue:

> En estos difíciles días para la familia y el matrimonio de finales de siglo (XIX), las parejas que tienen niños a su cargo se encuentran tan inseguras de sí mismas y tienen tanto miedo del futuro, que tienden a proteger obsesivamente a sus hijos de cualquier problema que puedan tener. Pero es necesario alertar de que esa tendencia es muy peligrosa, porque si los padres hacen esto con tamaña pasión, los hijos nunca van a poder aprender a resolver los problemas por sí mismos.
>
> Si no somos capaces de revertir esta actitud tendremos, hacia fines del siglo XX, millones de adultos con el recuerdo de infancias y adolescencias maravillosas y felices, pero con un presente penoso y un futuro lleno de fracasos.

Este pronóstico, concebido hace más de cien años, nos sorprende hoy por su exactitud.

Los padres, sobre todo los de la segunda mitad del siglo XX, hemos desarrollado una conducta más anuladora que cuidadosa y más temerosa que protectora en relación con nuestros hijos. Lejos de centrarnos en capacitarlos para que aprendan a resolver sus conflictos y dificultades, nos hemos dedicado a conseguirles una niñez tan llena de facilidades y tan ausente de frustraciones que, lejos de entrenarlos, impedirá que aprendan a resolver sus problemas.

Quizá para compensar, y más allá de todas nuestras faltas y limitaciones, nosotros, los que contamos con más de cincuenta, tenemos por lo menos un mérito, que no es tema menor. Nosotros, como grupo, les hemos dado a nuestros hijos algo novedoso:

Les hemos permitido la rebeldía.

Recuérdese que la mayoría venimos de una estructura familiar donde no se nos permitía ser rebeldes.

Nuestros padres, aun los más amorosos y tiernos, cuando ya no tenían argumentos para justificar sus caprichosas interpretaciones de la realidad, nos decían: "Usted se calla, mocoso" (tratándonos de usted como para dejar claro el deseo de establecer una distancia); y después de la inevitable pausa, agregaban la frase aprendida de sus propios padres: "Cuando tengas tu casa harás lo que quieras, pero aquí se hace como digo yo".

A diferencia de esto, mis hijos lo primero que aprendieron a decir, aun antes que "papá", fue: "¿Y por qué?".

Mis hijos, como los de todos mis coetáneos, lo cuestionaban todo... Y siguen haciéndolo.

Nosotros les enseñamos esa rebeldía, y ella les dará la posibilidad de salvarse de nosotros, especialmente de esa manía que mencionábamos de querer endilgarles una manera anacrónica de ver las cosas.

Ésta es nuestra gran contribución, quizá la única que como grupo etario podemos atribuirnos, pero no es poco si pensamos que ella puede cambiar el mundo.

Un poco de teoría: los tres tercios

Con rebeldía o sin ella, en algún momento me doy cuenta de que no voy a tener para siempre una mamá que me dé de comer, un papá que me cuide, una persona que decida por mí... Me doy cuenta de que no me queda más remedio que hacerme cargo de mí mismo. Me doy cuenta de que tengo que dejar el nido... Debo separarme de mis padres y dejar la casa, ese lugar de seguridad y protección.

Muchas veces, la sociedad se pregunta cuándo ocurrirá eso. La respuesta es evidente, aunque no muy esclarecedora: al final de la adolescencia. La pregunta cambia y aparece frecuentemente en boca de los padres: "¿Y a qué edad termina la adolescencia? ¿En qué momento?".

Cuando nosotros éramos chicos, la adolescencia empezaba, más o menos, a los 13 y terminaba a los 22. Hoy, a principios del siglo XXI, comienza frecuentemente alrededor de los 10 años y se prolonga hasta los 25, 26 o 27 años. Y si bien la adolescencia es un lugar maravilloso en muchos aspectos, en otros es una etapa de sufrimiento, y quince años de adolescencia es realmente demasiado...

Sobre el misterio de la prolongación de la adolescencia, cualquier idiota tiene una teoría...

Yo también.

Así que voy a contar mi teoría. Sobre todo porque sé que, de algunas idioteces, algunos inteligentes consiguen sacar conclusiones esclarecedoras.

Imaginemos que cada uno recibe una parcela abandonada de tierra llena de maleza. Sólo tenemos agua, alimentos, herramientas, pero ningún libro disponible, ningún anciano que sepa cómo se hace. Nos dan semillas, elementos de labranza y nos dicen: "Van a tener que comer de lo que saquen de la tierra".

¿Qué haríamos para poder alimentarnos y alimentar a nuestros seres queridos?

Seguramente, lo primero sería desmalezar, preparar la tierra, removerla, airearla... Y hacer surcos para sembrar.

Luego, sembramos y esperamos... Cuidando... Poniendo un tutor, dejando que las plantitas se vayan haciendo grandes, protegiéndolas. Finalmente, si todo lo hecho prospera, llegará, con certeza, el tiempo de cosechar parte de lo sembrado.

Yo encuentro en la tarea de construirse la propia vida, una equivalencia notable con la tarea de hacer producir la tierra.

Extendiendo la idea de mi amigo y colega Enrique Mariscal en su maravilloso *Manual de jardinería humana*,[1] podríamos dividir la vida del ser humano en tres grandes etapas que ocuparían, sucesivamente los tres tercios de la existencia de cada persona:

1. Un tercio para preparar el terreno.
2. Un tercio para la siembra, el crecimiento y la expansión.
3. Un tercio para el cuidado de los frutos y la cosecha.

Veamos algo de cada una de estas etapas.

---

1   Enrique Mariscal, *Manual de jardinería humana*, Serendipidad, Buenos Aires, 1994.

El primer tercio es el que corresponde a nuestra infancia y adolescencia. Durante este periodo, lo que uno tiene que hacer es aprender y ocuparse de preparar el terreno, desmalezar, abonar, airear, dejar todo a punto para cuando llegue el momento de la **siembra**.

En las primeras etapas, la función predominante de la vida psíquica es la de acompañar el desarrollo del cuerpo y la mente en su crecimiento y construir la firmeza y seguridad que requieren las relaciones con uno mismo y con el mundo. Es la época de construcción de nuestra "identidad". Un concepto que el mismo Jung definía irónicamente como "la suma de todas aquellas cosas que en realidad no nos definen, pero que mostramos continuamente, para convencernos y convencer a los demás de que así somos".

El adolescente necesita desarrollar a conciencia la certeza de que tiene el coraje y la fuerza para cortar con lo anterior antes de nacer a su propia vida.

¡Qué error sería pretender sembrar antes de tener el terreno en condiciones! ¡Qué estúpido sería intentar cosechar en este periodo! Sólo juntaríamos los restos de la siembra de otros en medio de un montón de basura. Nada bueno ni nutricio saldría de esa cosecha.

El segundo tercio equivale a la juventud y la edad adulta. Es el momento del **crecimiento**. La hora de plantar nuestras semillas. El tiempo de regarlas, cuidarlas, verlas crecer. Es el tercio de la siembra, del desarrollo, de la expansión. Es el tiempo de realizarse como personas, aunque esto, muchas veces, signifique alinearse en pautas sociales y culturales aprendidas o introyectadas sin demasiado análisis.

¡Qué error sería seguir y seguir preparando el terreno cuando ya es tiempo de sembrar! ¡Qué error sería querer cosechar cuando uno todavía está sembrando! Cada cosa hay que hacerla a su tiempo.

El último tercio es el de la madurez. El tiempo de la **cosecha**.

Momento de darse cuenta de lo hecho y disfrutarlo. Tiempo de conciencia de finitud y por ello de una actitud mucho más responsable, comprometida y trascendente.

¡Qué error sería, cuando llega el momento de cosechar, pretender ocuparse de remover la tierra, de tirar más semillas o de regar y expandirse, para agrandar el campo!

¡Qué error sería, en lugar de disfrutar de la cosecha, querer seguir sembrando! En el tiempo de la recolección solamente es la hora de recoger los frutos. Entre otras cosas porque muchas veces, si no se cosecha a tiempo, no se cosecha nunca.

Y explico todo esto porque, como es obvio, la duración de los tercios depende del tiempo que se prevé vivirán los individuos.

Así, cuando nuestros ancestros vivían, como promedio, entre 35 y 40 años, ese primer tercio duraba 12 o 13 años (y por eso el *Bar Mitzvá* de los judíos, la confirmación de los católicos, la circuncisión de los islámicos están pautados para esta edad). Allí terminaba el primer tercio de vida y con él, la adolescencia. El individuo dejaba de preparar el terreno y comenzaba a ser un adulto; y, entonces, la primera y tierna juventud llegaba como máximo hasta los 15 y la edad adulta se completaba entre los 28 y los 30 años.

De allí en adelante, los abuelos de nuestros abuelos eran considerados ya maduros. A las mujeres se les estaba negado parir y a los hombres sólo les cabía esperar resignadamente el momento de su muerte.

Sin embargo, cuando a principios del siglo xx nació la generación de mis padres, la expectativa de vida ya arañaba los 60 años. Y, por eso, la adolescencia empezó a prolongarse. Se establecieron, en aquel entonces, los 20 años como fecha de la mayoría de edad y los 60 como el tiempo de la jubilación (marcando desde lo estadístico los momentos del fin de la adolescencia y del fin de la vida activa).

No hace falta dar más detalles para entender que hoy, con promedios de vida de 78 años o más, no sería razonable esperar que la adolescencia terminara antes de los 25 o 26 años.

Obviamente, no se es adulto cuando el documento de identidad lo marca, ni cuando la ley lo decide. La adolescencia finaliza cuando uno aprende a hacerse cargo definitivamente de sí mismo y asume, entonces, la responsabilidad de su presente y de su futuro. Cuando uno deja de ser un adolescente, es capaz de decirle a sus padres con absoluta sinceridad y sin atisbos de revancha ni ironías: "A partir de ahora, pueden dedicarse otra vez a sus propias vidas, porque de la mía debo ocuparme yo mismo".

Liberar a los hijos

En mis más de treinta años como terapeuta he entrevistado cientos de veces a hijos que no terminan de desprenderse, jóvenes, hombres y mujeres que se quedan aferrados a sus padres, sin animarse a salir de debajo de su ala protectora para vivir sus propias vidas. La mayoría de las veces, vale aclararlo, esta dificultad es, en parte, responsabilidad de los padres que por inexperiencia, por miedo o por su propia neurosis no supieron o no quisieron enseñar a sus hijos el camino de levantar el vuelo.

Un hombre de Jalisco, México, me contó este cuento, muy similar a otro que me acercó hace muchos años una lectora de la provincia de Catamarca, Argentina.

Un campesino encontró una tarde, en la parte de atrás de su jardín, un huevo muy grande y moteado. Nunca había visto nada igual.

Entre sorprendido y curioso, decidió meterlo a la casa.

—¿Será un huevo de ñandú? —le preguntó su mujer.

—No tiene la forma —dijo el abuelo—, es demasiado abultado.

—¿Y si lo comemos? —propuso el hijo.

—Podría ser venenoso —reflexionó el campesino—. Antes deberíamos saber qué clase de bicho pone estos huevos.

—Pongámoslo en el nido de la pava que está empollando —propuso la menor de las niñas—, así, cuando nazca, veremos qué es...

Todos estuvieron de acuerdo y así se hizo. Aunque todos en la casa se olvidaron del pobre huevo.

A los quince o veinte días, rompió el cascarón un ave oscura, grande, nerviosa, que, con mucha avidez, comió todo el alimento que encontró a su alrededor.

Cuando el alimento disponible se había terminado, el extraño pajarito miró a la madre con vivacidad y le dijo entusiasta:

—¿No vamos a salir a cazar?

—¿Cómo a cazar? —preguntó la madre un poco asustada.

—¿Cómo que cómo? —acotó el polluelo—. Volando, claro. ¡Anda, vamos a volar!

Mamá pava se sorprendió muchísimo con la proposición de su flamante crío y armándose de una amorosísima paciencia le explicó:

—Mira, hijo, los pavos no vuelan. Estas cosas se te ocurren por ser glotón. Hace muy mal comer tan rápido y peor aún comer de más.

De allí en adelante, advertida por su madre de las locas veleidades de su nueva cría, la familia avícola intentó ayudar a que el pavito comiera menos y más despacio. Le acercaban el alimento más ligero y lo animaban a comer más serena y pausadamente.

Sin embargo, apenas el pavito terminaba su almuerzo o su cena, su desayuno o merienda, irremediablemente solía gritar:

—Ahora, muchachos, vamos a volar un poco.

Todos los pavos del corral le explicaban entonces nuevamente:

—No entiendes que los pavos no vuelan. Mastica bien, come menos y abandona esas locuras, que un día te traerán problemas.

El tiempo pasó y el pavito fue creciendo, hablando cada vez más del hambre que pasaba y cada vez menos de volar.

El polluelo creció y murió junto con los demás pavos del corral y terminó como todos, asado al horno una Navidad, en la mesa del campesino.

A nadie le gustó su carne, era dura y no sabía a pavo.

Y eso era lógico, porque el polluelo no era un pavo, era un águila, un águila montañesa capaz de volar a tres mil metros de altura y de levantar una oveja pequeña entre sus patas...

Pero se murió sin saberlo... Porque nunca se animó a desplegar sus alas... ¡Y porque nadie le dijo nunca que su esencia era la de un águila!

Habitualmente, los hijos aprenden y se van solos...

Pero si no lo hacen, lamentablemente, en beneficio de ellos y de nosotros, será bueno empujarlos a que abandonen su dependencia.

Los padres deberemos tener claro que, si hace falta, será nuestra tarea mostrar a nuestros hijos que deben soltarse y levantar el vuelo. Entre otras muchas cosas porque uno no estará para siempre.

Y cuando, pese a todo nuestro esfuerzo y estímulo, los hijos no se animen a emprender su partida, los padres, con mucho amor e infinita ternura, deberemos entornar la puerta... ¡Y empujarlos afuera!

Estoy casi cansado de ver y escuchar a padres de mucha edad que han generado pequeños ahorros o situaciones de seguridad con esfuerzo durante toda su vida para su vejez, y que hoy tienen que dilapidarlos a manos de hijos inútiles, inservibles y alocados que, además, no pocas veces tienen actitudes de una exigencia insoportable respecto de sus padres: "Me tienes que ayudar porque eres mi papá...". "Debes vender todo para ayudarme, porque todo lo que tienes también es mío..."

A veces, uno puede ayudar a sus hijos porque así lo quiere, y está muy bien. Pero hay que comprender que nuestra obligación y nuestra responsabilidad, respecto de ellos, no es infinita. Es hora de que los padres sepan las limitaciones que tiene el rol de padre o de madre.

Qué importante es ayudar a nuestros hijos a transitar espacios de libertad...

Qué importante es protegerlos y educarlos hasta que sean adultos...

¿Y después...? ¿Llegados allí...?

Propongo la filosofía del Q. S. A.

¿Qué quiere decir Q. S. A.?

Que se arreglen... como puedan.

¿Y si no han sabido administrar lo que les dejaron?

¿Y si no han podido vivir con lo que obtuvieron?

¿Y si no saben cómo hacer para ganar el dinero que necesitan para dar de comer a sus propios hijos?

Como decía Víctor Trujillo, el sarcástico humorista mexicano: "Lástima, Margarito...".

En todo caso, nadie quiere que sus hijos pasen hambre... Y comprendo que uno pueda decirles que, por un tiempo, pasen a buscar un sándwich cada mañana... Pero aun así, sólo por un tiempo.

Estoy seguro de que generar dependencia infinita es un acto siniestro y para nada amoroso. Hay un momento en que el amor pasa por devolver a los hijos la responsabilidad sobre sus propias vidas. Después de eso, uno tiene que quedarse fuera, ayudando lo que quiera, como lo desee y hasta donde sea conveniente. Y aclaro que nunca lo es ayudar más de lo que uno puede, nunca lo es arruinarse la vida para ayudarlos a ellos.

A mí, como a casi todos los padres que conozco, me encantaría saber que mis hijos van a poder manejarse cuando yo no esté.

Me encantaría.

Y, por eso, quiero que lo hagan antes de que me muera.

Para verlo.

Para que pueda, en todo caso, morir tranquilo, con la sensación de la tarea cumplida.

3. LA DEPENDENCIA

Así pues, una vez concluida la adolescencia, el tiempo de preparación del terreno, sería bueno y deseable que comenzáramos a ocuparnos de sembrar y hacer crécer los frutos que cada uno quisiera cosechar.

La palabra "dependiente" deriva de "pendiente", que quiere decir, literalmente, "que cuelga" (de *pendere*), que está suspendido desde arriba, sin base, en el aire. Significa también "incompleto, inconcluso, sin resolver". Utilizado como sustantivo si es masculino, designa un adorno, una alhaja que se lleva colgando como decoración; si es femenino define una inclinación, una cuesta hacia abajo, presumiblemente empinada y peligrosa.

Después de encontrar en el diccionario todos estos significados y derivaciones no me resulta para nada extraño que la palabra "dependencia" evoque en nosotros estas imágenes que usamos como definición: dependiente es aquel que se cuelga de otro, que vive como suspendido en el aire, sin base, como si fuera un adorno que ese otro lleva. Es alguien que está cuesta abajo, siempre sintiéndose incompleto, eternamente sin resolución.

Había una vez un hombre que padecía de un miedo absurdo: temía perderse entre los demás. Todo empezó una noche, en una fiesta de disfraces, cuando él era muy joven. Alguien había sacado una foto en la que aparecían en hilera todos los invitados. Pero, al verla, él no se había podido reconocer. El hombre había elegido un disfraz de pirata, con un parche en el ojo y un pañuelo en la cabeza, pero muchos habían ido disfrazados de un modo similar. Su maquillaje consistía en un fuerte rubor en las mejillas y un poco de tizne simulando un bigote, pero disfraces que incluyeran bigotes y mejillas pintadas había unos cuantos. Él se había divertido mucho en la fiesta, pero en la foto todos parecían estar muy divertidos. Finalmente recordó que en el momento en que se tomó la foto, él estaba del brazo de una rubia. Entonces intentó ubicarse por esa referencia, pero fue inútil: más de la mitad de las mujeres eran rubias y no pocas se mostraban en la foto del brazo de piratas.

El hombre quedó muy impactado por esta vivencia y, a causa de ello, durante años no asistió a ninguna reunión por temor a perderse de nuevo.

Pero un día se le ocurrió una solución: cualquiera que fuera el evento, a partir de entonces, él se vestiría siempre de café. Camisa café, pantalón café, saco café, calcetines y zapatos cafés. "Si alguien saca una foto, yo siempre podré saber que el de café soy yo", se dijo.

Con el paso del tiempo, nuestro héroe tuvo cientos de oportunidades para confirmar su astucia: al toparse con los espejos de las grandes tiendas, viéndose reflejado junto a otros que caminaban por allí, se repetía tranquilizador: "Yo soy el hombre de café".

Durante el invierno que siguió, unos amigos le regalaron un pase para disfrutar de una tarde en una sala de baños de vapor. El hombre aceptó gustoso; nunca había estado en un sitio como ése y había escuchado de boca de sus amigos las ventajas de la ducha escocesa, del baño finlandés y de la sauna aromática.

Llegó al lugar, le dieron dos toallas y lo invitaron a entrar en un pequeño cuarto para desvestirse. El hombre se quitó el saco, el pantalón, el jersey, la camisa, los zapatos, los calcetines... Y cuando estaba a punto de quitarse los calzoncillos, se miró al espejo y se paralizó. "Si me quito la última prenda, quedaré desnudo como los demás", pensó. "¿Y si me pierdo? ¿Cómo podré identificarme si no cuento con esta referencia que tanto me ha servido?"

Durante más de un cuarto de hora se quedó en el vestuario con su ropa interior puesta, dudando. Quizá debía irse... Y entonces se dio cuenta de que, si bien no podía permanecer vestido, probablemente pudiera mantener alguna señal de identificación. Con mucho cuidado quitó una hebra del jersey que traía y se la ató al dedo pulgar de su pie derecho. "Debo recordar esto por si me pierdo: el que tiene la hebra café en el dedo soy yo", se dijo.

Sereno ahora con su credencial, se dedicó a disfrutar del vapor, los baños y un poco de natación, sin notar que, entre idas y zambullidas, la lana resbaló de su dedo y quedó flotando en el agua de la piscina. Otro hombre que nadaba cerca, al ver la hebra en el agua, le comentó a su amigo: "Qué casualidad, éste es el color que siempre quiero describirle a mi esposa para que me teja una bufanda; me voy a llevar la hebra para que busque la lana del mismo color". Y tomando la hebra que flotaba en el agua, viendo que no tenía dónde guardarla, se le ocurrió atársela en el dedo pulgar del pie derecho.

Mientras tanto, el protagonista de esta historia había terminado de probar todas las opciones y llegaba a su compartimiento para vestirse. Entró confiado pero, al terminar de secarse, cuando se miró en el espejo, con horror advirtió que estaba totalmente desnudo y que no tenía la hebra en el pie. "Me perdí", se dijo temblando, y salió a recorrer el lugar en busca de la hebra café que lo identificaba. Pocos minutos después, observando detenidamente en el suelo, se encontró con el pie del otro hombre que llevaba el trozo de lana café en su dedo. Tímidamente se acercó a él y le dijo:

—Disculpe, señor. Yo sé quién es usted, ¿me podría decir quién soy yo?

Es cierto que, difícilmente, llegaremos al extremo de depender de otros para que nos digan quiénes somos. Sin embargo, estaremos cerca si, renunciando a nuestros ojos, nos vemos solamente a través de la mirada o la calificación de los demás.

Ser adulto es, entre otras cosas, comprender el desafío que tenemos por delante, optar entre las muchas posibilidades que se nos presentan, elegir frente a cualquier estímulo aquella respuesta que más nos representa, sentir la certeza de que ésa es nuestra manera y no la de algún otro.

Para que esa decisión sea realmente adulta y sana, no es suficiente un mero análisis de exclusiones y descartes. No basta con alejar del entorno a aquellos a los que, alguna vez, permitimos, por falta de voluntad o decisión, que hicieran y deshicieran en nuestras vidas como tuvieran ganas. Es preciso algo más. Es imprescindible comprender y desarticular algunos de los perversos mecanismos internos que, no siendo niños, siguen generando dependencia y nos hacen actuar como si todavía lo fuéramos.

La dependencia es, para mí, una instancia siempre oscura y enfermiza, una alternativa que, aunque quiera ser justificada por miles de argumentos, termina conduciendo irremediablemente a la conducta inmadura e irresponsable de los que no se hacen cargo de su vida.

No hablo de individuos transitoriamente en crisis ni de heridos y enfermos. No hablo de los discapacitados genuinos ni de los que padecen de algún grado de debilidad mental. No me refiero a niños pequeños ni a jóvenes inmaduros.

Todos ellos viven, con toda seguridad, en mayor o menor grado de dependencia, pero no hay nada de malo ni de terrible en esto, porque naturalmente ellos no tienen la capacidad ni la posibilidad de hacerlo de otra manera. Pero otra es la historia de los adultos que siguen eligiendo depender de otros. Por comodidad, por descuido, por especulación o por lo que fuera, siguen dependiendo de otro o de todos, a veces creando circuitos sin retorno. Siempre sostengo que mi mayor argumento para no justificar la dependencia es que no quiero avalar la imbecilidad.

Aprendí a utilizar esta palabra siguiendo el análisis que propone Fernando Savater.[1] Así, en un sentido estricto de la palabra, un imbécil es alguien que precisa, por definición, de otro o de muchos que sean su bastón, para poder avanzar.[2] Está claro que no todos los dependientes son idénticos. Existen distintas clases de imbéciles.

Los imbéciles intelectuales, que son los que creen que no tienen cabeza para ciertas cosas (o temen que se les gaste si la usan) y, entonces, le preguntan al otro: "¿Cómo soy? ¿Qué tengo que

1   Fernando Savater, *Ética para Amador*, Ariel, Barcelona, 2000.
2   Imbécil: de *im-baculo*, con bastón.

hacer? ¿Adónde debo ir?". Y cuando tienen que tomar una decisión van por el mundo inquiriendo: "¿Tú qué harías en mi lugar?". Ante cada acción construyen un equipo de asesores o de gente "que sabe" para que piense por ellos. Como realmente creen que no pueden pensar, depositan su capacidad en los demás, y eso es de por sí bastante inquietante. Su estructura implica a veces un gran peligro, ya que con demasiada frecuencia se los confunde con gente genuinamente amable, considerada y humilde. Muchos de estos imbéciles pueden terminar, por su actitud confluyente, siendo muy populares y ocupando cargos de gran responsabilidad para los cuales nunca estuvieron capacitados.

Los imbéciles afectivos son los que dependen todo el tiempo de que alguien les diga que los quiere, que los ama, que son lindos, que son buenos. Un imbécil afectivo está permanentemente en búsqueda de otro que le repita que nunca, nunca, nunca lo va a dejar de querer. Todos sentimos el deseo normal de ser queridos por la persona que amamos, pero otra cosa es vivir en función de confirmarlo.

Siempre me ha parecido que, pese a lo que se dice por ahí, los varones tenemos más tendencia a la imbecilidad afectiva que las mujeres. Ellas, cuando son dependientes, tienden a hacerlo en hechos prácticos, no afectivos.

Tomemos mil matrimonios recientemente separados y observemos su situación a los tres meses. Noventa por ciento de los hombres está con otra mujer, conviviendo o casi. Noventa y nueve por ciento de las mujeres sigue viviendo sola o con sus hijos. Si hablas con ellas te dirán que quizá encontrarán pareja y quizá no; muchas te confirmarán que a veces lo desean o lo añoran, y que cuando se detienen a pensarlo no les desagrada la idea de encontrar a alguien con quien compartir algunas cosas, pero todas sostendrán que muy difícilmente aceptarían a "cualquiera" tan sólo para no sentir la desesperación de encontrar las luces apagadas al entrar en la casa. Eso es patrimonio masculino.

Y por último...

Los imbéciles morales, sin duda, los más peligrosos de todos. Son los que necesitan permanentemente aprobación del afuera para tomar sus decisiones.

El imbécil moral es alguien que necesita de otro para que le diga si lo que hace está bien o mal, alguien que todo el tiempo esté pendiente de si lo que quiere hacer corresponde o no y de "si es o no es" lo que el otro o la mayoría harían. Son los que se pasan el tiempo haciendo encuestas sobre si tienen o no tienen que cambiar el coche; si les conviene o no comprarse una nueva casa; si es o no el momento adecuado para tener un hijo.

Defenderse de su acoso es bastante difícil aunque se puede intentar simplemente no contestar a sus demandas sobre, por ejemplo, cómo se debe doblar el papel higiénico; pero creo que a la larga lo mejor es... huir.

Un poco más allá de la dependencia

Con el tiempo, en cualquier área moral, intelectual o afectiva, el dependiente va desarrollando cierta tendencia a depositarse en una sola de las personas de su entorno. Ellos o ellas sienten que necesitan de esa otra persona ya no para avanzar, sino para ser. Cuando esto sucede, la dependencia deja de ser un síntoma o una actitud y se transforma en una enfermedad. El individuo llega a creer sinceramente que no podría siquiera subsistir sin el otro.

Lo que sigue es previsible. Animado por esa falsa creencia, comienza a condicionar cada conducta a ese vínculo patológico en el que vive muchas veces con sentimientos ambivalentes, ya que para el dependiente representa al mismo tiempo su salvación y su calvario. Todo lo que hace está inspirado, dirigido, producido o dedicado a halagar, enojar, seducir, premiar o castigar a aquel de quien depende.

La psicología moderna le ha dado entidad a este tipo de enfermizas relaciones llamándolas genéricamente vínculos **codependientes**.[1]

Para la psicoterapia moderna, de cara a su diagnóstico y su tratamiento, se puede interpretar la enfermedad del codependiente como una adicción a un vínculo y equipararla a cualquier otra adicción. Sus síntomas y signos son muy similares, con la única diferencia (en realidad menor) de que su "droga" es un determinado tipo de persona o una persona en particular.

Exactamente igual que en un síndrome de drogodependencia, el codependiente es portador de una personalidad proclive a las adicciones y puede, llegado el caso, realizar actos casi o francamente irracionales para proveerse de "la droga". Exactamente como sucede con la mayoría de las adicciones, si el paciente se ve privado bruscamente de su droga y no consigue procurársela podría caer en un cuadro de desesperación que a muchos de los que hemos trabajado con alcohólicos nos recuerda a las primeras instancias de los síndromes de abstinencia. De todas formas conviene aclarar desde el principio que con la codependencia sucede lo mismo que con las restantes adicciones: no importa la gravedad o duración del cuadro, si existe el deseo sincero de superar la enfermedad, la enfermedad se trata y se cura.

3   Algunos especialistas sostienen que la "codependencia" se refiere a que la persona que acompaña a estos enfermos desarrolla, a su lado, una patología espejada, haciéndose cargo de todas las demandas del "dependiente", del cual también supone que no puede librarse.

La codependencia, de muchas maneras, representa el grado superlativo de la dependencia enfermiza. Sobre todo cuando la adicción queda escondida detrás de la supuesta pasión amorosa y la conducta dependiente se incrusta en la personalidad con falsas ideas como la de "no puedo vivir sin ti" o la sobrevalorada necesidad de la presencia calificadora de la persona amada: "No soy nada si no estás a mi lado".

Muchas veces (demasiadas) un paciente, varón o mujer, argumenta:

—Pero, si yo amo a alguien, y lo amo con todo mi corazón... ¿No es cierto, y hasta sano, que yo sienta que no puedo vivir sin esa persona?

Yo siempre contesto:

—No. Nunca es sano... Y lo peor es que tampoco es cierto.

Y algunos días, quizá cuando me siento más cruel, agrego:

—Aunque quizá lo peor no sea eso, lo peor es que tampoco es cierto que ella NO pueda vivir sin ti, aunque te jure que es así. Lo siento.

Y aclaro que lo lamento de verdad aunque sé que, como dice la canción, "Nunca es triste la verdad, lo que no tiene es remedio".

La verdad sin remedio que nos pone tristes es que siempre, siempre se puede vivir sin el otro... ¡Siempre! Y hay dos personas que deberían saberlo:

Yo mismo
y quien está a mi lado.

Es horrible que alguien piense que yo no puedo vivir sin él o sin ella.

Es peor todavía si empieza a pensar que no puede irse de mi lado porque yo moriría ante su ausencia...

Es aterrador pensar en convivir con alguien que crea que yo soy imprescindible en su vida.

Estos pensamientos son siempre de una manipulación y una exigencia siniestras.

El amor siempre es positivo y maravilloso, nunca es negativo en sí mismo, y sin embargo en la codependencia se le utiliza como excusa para sostener algo tan enfermo como la adicción al otro. De todas formas no es solamente una confusión, es un argumento falso. El codependiente, en realidad, no ama. Necesita, reclama, depende... Pero no ama.

Si queremos contestar a esta primera pregunta y saber quién soy, sería bueno deshacernos de nuestras adicciones a las personas. Abandonar nuestros espacios de dependencia y ayudar al que amamos a que supere los suyos.

Me encantaría, como a todos, que la gente que yo quiero me quiera, y que los que quiero muchísimo me retribuyan de la misma manera. Pero si esa gente no me quiere, me gustaría que me lo dijera y se fuera. Y si no se animase a decírmelo, que se fuera en silencio. No es una actitud rencorosa ni de resentimiento, es simplemente que no quiero estar al lado de alguien que no quiere estar conmigo...

A mí, como a todos, me gustaría evitar la odiosa frustración de no ser querido por la persona que amo, pero sé que NO quiero escapar de ese dolor por el camino del autoengaño o de la victimista manipulación del otro para que se quede conmigo.

¿Pero qué pasaría si el más inmaduro y dependiente de mis "yos" neuróticos tomara el mando y decidiera no aceptar tu partida?

Entonces, por la escalera que conduce a lo peor de mí, empezaría a descender, metiéndome en un pozo cada vez más oscuro, creyendo que busco la iluminación en el encuentro contigo.

El primer peldaño es intentar transformarme en una necesidad para ti.

Me vuelvo tu proveedor selectivo: te doy todo lo que quieras, trato de complacerte, me pongo a tu disposición para cualquier cosa que necesites, intento que dependas de mí. Trato de generar una relación adictiva, remplazo mi deseo de ser querido por el de ser necesitado. Porque ser necesitado se parece tanto a veces a ser querido... Si me necesitas, me llamas, me pides y me delegas tus cosas, hasta puedo creer que me estás queriendo...

Pero, a veces, a pesar de todo lo que hago para que me necesites, tú no pareces necesitarme. ¿Qué hago? Bajo un escalón más.

Intento que me tengas lástima...

Porque la lástima también se parece un poco a ser querido...

Así, si me hago la víctima ("yo que te quiero tanto... y tú que no me quieres..."), quizá...

Este camino se transita demasiado frecuentemente. De hecho, de alguna manera, todos hemos pasado por este jueguito. Quizá no tan insistentemente como para dar lástima, pero quién no ha dicho: "¿Cómo me haces esto a mí?". "Yo no esperaba esto de ti, estoy tan defraudado... Estoy tan dolorido..." "No me importa si tú no me quieres... Yo sí te quiero."

Pero la bajada continúa...

¿Y si no consigo que te apiades de mí? ¿Qué hago? ¿Soporto tu indiferencia?

¡Jamás!

Si llegué hasta aquí, al menos trataré de conseguir que me odies.

A veces uno se salta alguna etapa... Baja dos escalones al mismo tiempo y salta de la búsqueda de volverse necesario directamente al odio, sin solución de continuidad. Porque, en verdad, lo que no se soporta es la indiferencia.

Y sucede que uno se topa con gente mala, tan mala que... ¡ni siquiera quiere odiarnos! ¡Qué malas personas! ¿Verdad?

Y yo que, entregado a lo peor de mí, quiero que por lo menos me odies, no lo consigo.

¿ Y entonces...?

Estoy casi en el fondo del pozo. ¿Qué hago?

Dado que dependo de ti y de tu mirada, decido una vez más que haría cualquier cosa para no tener que soportar tu indiferencia. Y, con esta idea, bajo el último peldaño para poder tenerte pendiente: trato de que me tengas miedo.

Miedo de lo que puedo llegar a hacer o hacerme (fantaseando dejarte con sentimiento de culpa y pensando en mí...).

Podríamos imaginar a Glenn Close diciéndole a Michael Douglas en la película *Atracción fatal*: "Si no pude conseguir sentirme querida ni necesitada, si te negaste a tenerme lástima y a ocuparte de mí por piedad, si ni siquiera conseguí que me odiaras, ahora vas a tener que notar mi presencia, quieras o no, porque, a partir de ahora, voy a tratar de que me temas".

Este camino siniestro que, de alguna manera, todos hemos recorrido aunque sin llegar hasta el fondo, también es transitado por algunos de los grupos violentos del mundo... ¿Qué les sucede?

Jóvenes adolescentes, minorías, grupos marginales, países enteros no han conseguido reconocimiento de ningún tipo; sienten o saben que nadie los quiere, nadie los necesita ni les presta atención, nadie se compadece de lo que sufren... Y entonces, recorriendo más o menos el camino descrito, han decidido por lo menos ser odiados y han terminado generando temor. Ellos han aprendido que este temor que generan en el afuera es el único sustituto posible que mitigue la ausencia del reconocimiento que les privó del amor que no pudieron obtener. Yo no los justifico, pero pretendo comprender el proceso de los cientos de grupos violentos de cada una de nuestras grandes ciudades que, de alguna manera, reclaman atención... Muchos (todos si no hay respuesta) después perderán el rumbo. Alguien les hará creer que la única manera de ser reconocidos es ganar poder y los terminará de empujar al rumbo muchas veces irreversible de la delincuencia y la drogadicción. Sin embargo, creo que conviene no olvidar que comenzaron su descenso desde un lugar pasionalmente ligado a la falta de amor.

Vuelvo a nosotros. Cuando la búsqueda de la mirada de otros se transforma en dependencia, el amor se convierte en una lucha por el poder y caemos en la tentación de ponernos al servicio del otro, de manipular un poco su lástima, de darle rabia y hasta de amenazarlo con el abandono, el maltrato o nuestro propio sufrimiento...

Es muy doloroso aceptar que no me quieres, pero siempre será mejor que soportar que te quedes engañándome.

Dice Antonio Porchia en su libro *Voces*:

Han dejado de engañarte, no de quererte.
¿Por qué sufres como si hubiesen dejado
de quererte?

Abandonar la dependencia

Ésta no es ninguna originalidad: todos los colegas, maestros, gurús y filósofos del mundo hablaron y hablan de ello.

Abandonar toda dependencia para poder ser plenamente

quienes somos, en eso estamos todos de acuerdo. El problema es: ¿hacia dónde ir después de abandonarla?

La primera respuesta que nos aparece es obvia. Vamos de camino a la independencia. La total, absoluta e ilimitada independencia. Es decir, simplemente no depender de nadie, de ninguna manera y nunca más. Sería maravilloso, ¿verdad? Y tanto más si fuera al menos posible.

Lo único malo de esta propuesta es que, en la realidad de la vida de cada uno, este planteamiento implica una mentira: nadie es totalmente independiente.

¿Por qué?

Porque para ser independiente habría que ser autosuficiente, y nadie lo es.

Nadie puede prescindir de los demás en forma permanente.

Necesitamos de los otros, irremediablemente, de muchas y diferentes maneras.

Y, por esa razón, la independencia absoluta de la que hablábamos es una meta inalcanzable, un lugar utópico y virtual hacia el cual dirigirse, pero que hace falta mostrar como imposible desde el principio para no quedarnos ligados a una eterna frustración. Por otra parte, se hace evidente que una independencia de a ratos no parece demasiado deseable.

Algunos colegas han propuesto para este callejón sin salida el concepto de interdependencia. Yo dependo de ti, tú de mí, los dos de todos los demás y ellos de nosotros.

Entiendo el grado de romanticismo y encanto que un planteamiento como éste puede evocar en cualquiera que haya estado alguna vez enamorado; sin embargo, las argumentaciones y justificaciones para sostener esta propuesta como genérica y deseable me parecen, por lo menos, pobres, y la mayoría de las veces me hacen pensar en un burdo intento de manipulación para conseguir someter a los más fuertes.

Ni siquiera en el entorno de la pareja (utilizado por los defensores de la interdependencia como ejemplo perfecto) encuentro agradable esta salida.

Siempre digo que la gente que está en pareja se divide en dos grandes grupos: aquellos a los que les gusta pensar que los han elegido una vez y para siempre, y aquellos que preferimos correr el riesgo de ser elegidos cada día (no por las mismas razones, afortunada o lamentablemente... Pero vueltos a elegir).

Aquéllos, los que se anotan en las ventajas de la interdependencia, parecen sentirse más seguros dentro de los lazos indisolubles que generan (yo dependo y tú dependes), aunque, desde mi óptica, los interdependientes son dependientes; y cuando uno depende, ya no elige, y si no hay elección no hay libertad y, sin ella, como siempre digo, no puede haber amor...

Volvamos a nuestro pequeño problema:

Abandonar la indeseable dependencia... Pero ¿hacia dónde?

Si las salidas propuestas no sirven porque la independencia es imposible, la codependencia es enfermiza y la interdependencia no parece solucionar nada...

¿Entonces qué?

Mi propuesta desde hace muchos años viene de la mano de una palabra que no está en los diccionarios (por lo menos todavía):

AUTODEPENDENCIA.

4. EL CAMINO DE LA AUTODEPENDENCIA

Una vez, paseando por la avenida costera de Mar del Plata, en Argentina, encontré en un local de libros usados, viejos y discontinuados, una novela que según recuerdo se titulaba *Crecer jugando o vivir jugando*. La había escrito Inés Barredo que, según me contó el dueño de la librería, era una joven autora marplatense que en aquel momento yo no conocía.

Animado por la belleza de la lectura furtiva de las dos primeras páginas, compré el ejemplar, por unos pocos (demasiado pocos) pesos, y me lo llevé entusiasmado.

A fuerza de ser sincero, creo recordar que el resto del libro no me pareció tan espectacular como el comienzo, pero esas primeras páginas me marcaron para siempre.

Lo que se removió dentro de mí evocó la famosa frase de que cuando el alumno está preparado, la enseñanza aparece.

El libro, que luego presté y, por supuesto, nunca recuperé, empezaba más o menos así:

Cuando cumplí 9 años estaba muy preocupada por saber cuál era el cambio que se iba a producir en mi cuerpo entre los 8 y los 9. Así que me levanté temprano el día de mi cumpleaños para ir corriendo al espejo y ver cómo había cambiado. Y me sorprendí porque no había cambiado nada; fue una gran decepción. De modo que fui a preguntarle a mi mamá a qué hora había nacido yo y ella me informó que había nacido a las cuatro y veinte. Así fue que desde las cuatro hasta las cinco me quedé clavada frente al espejo, mirándome para que se operara el cambio de los 8 a los 9, pero no se produjo. Concluí entonces que, quizá, no habría cambio de los 8 a los 9, quizá el cambio sucediera de los 9 a los 10. Entonces esperé ansiosamente un año. Y la noche anterior al día que iba a cumplir 10 me quedé despierta; no dormí ni un poquito y me quedé frente al espejo para ver cómo amanecía. Y no noté nada. Empecé a pensar que la gente no crecía, y que todo eso era mentira, pero veía las fotos de mi mamá cuando era chica, y eso quería decir que ella había sido como yo alguna vez y se había vuelto grande. Y entonces no podía explicarme cuándo sucedería ese cambio. Hasta que un día —dice la autora en la segunda página de su libro— me di cuenta de cuál era el secreto. Cuando yo cumplí 9 años, no dejé de tener 8; cuando cumplí 10 años, no dejé de tener 9; cuando cumplimos 15, tenemos 14 y 12 y 11 y 10 y 9 y 8 y 5 y... Cuando cumplimos 70, tenemos 60 y 50 y 43 y 12 y 5 y 3 y 1...

Cómo no conservar actitudes de aquellos niños o niñas que fuimos, me dije una y mil veces desde entonces, si, como dice Barredo, ellos siguen viviendo dentro de nosotros.

Seguimos siendo los adolescentes que fuimos, los niños que fuimos, los bebés que fuimos.

Anidan en nosotros todas las actitudes, virtudes y defectos de aquellos pequeños proyectos de adulto que éramos allá y entonces.

Todo está bien, pero...

Estos niños dentro de nosotros son dependientes, justa y naturalmente, porque son niños.

Y cuando estoy asustado...

cuando me invade una gran preocupación...

cuando tengo miedo...

cuando me siento perdido...

o cuando me doy cuenta de que algo que no alcanzo a definir me está pasando...

ese niño aparece y se adueña de mi personalidad.

Frente a esto, la única solución es que alguien de afuera, un adulto confiable, se presente y se haga cargo de la situación y de mí.

De paso, creo que por eso no creo en la independencia. Porque no puedo negar a ese niño que vive en mí. Porque no creo que ese niño, en verdad, se pueda hacer cargo de sí mismo.

Por supuesto también hay un adulto en nosotros cuando somos adultos y, gran parte de las veces, es él y no otro adulto el que debe hacerse cargo del niño que hay en mí.

En los casos en que ni siquiera esa persona adulta puede con los hechos, será ella la que deberá ocuparse de buscar ayuda y será responsable de encontrarla.

Esto es autodependencia.

Un ejemplo de lo que pretendo establecer: Supongamos que yo quiero que Fernando me escuche, me abrace, que esté conmigo, porque hoy no me basto a mí mismo.

Pero, por alguna razón, Fernando no quiere. Quizá hasta podría ser que Fernando no me quiera. Quizá nunca me quiso.

Yo puedo, claro, quedarme llorando, intentar manipular la

situación para obtener de él lo que no quiere darme. Y quizá lo logre. Y quizá no.

Pero puedo también asumir que Fernando no quiere y, desde el adulto que soy, salir a buscar a otra persona. Quizá pueda preguntarle a María Inés si quiere quedarse conmigo.

Yo no me basto, pero tampoco dependo de Fernando, sino de mí. Yo sé lo que necesito y, si él no quiere, quizá María Inés...

Esto también es autodependencia.

Saber que necesito de los otros, que no soy autosuficiente, pero que puedo llevar esta necesidad conmigo hasta encontrar a quien quiera y pueda compartir conmigo lo que quiero, esa relación, esa contención, ese amor...

Y, entonces, si María Inés tampoco tiene para mí lo que necesito, quizá pueda seguir buscando hasta encontrarlo.

¿Donde sea? Si realmente lo necesito, donde sea. Si no es solamente un capricho, donde sea. Si no es un falso deseo dedicado a manejar el tiempo de Fernando, donde sea.

Autodepender significa establecer que no soy autosuficiente ni omnipotente, que me sé vulnerable y que no siempre consigo todo lo que quiero; pero siempre estoy a cargo de mí.

Yo soy el director de esta orquesta, aunque no pueda tocar todos los instrumentos.

Que no pueda tocar todos los instrumentos no quiere decir que ceda la batuta.

Yo soy el protagonista de mi propia vida.

Pero, atención: **protagonista**, no único actor.

Si lo fuera, mi película sería demasiado aburrida.

Soy el protagonista, soy el director, soy aquel de quien dependen, en última instancia, todas mis cosas, pero sigo sin ser autosuficiente y, por lo tanto, no puedo estructurarme una vida independiente.

Puedo necesitar ayuda en algún momento. Puede ser que, para traspasar algunas puertas, necesite ayuda siempre; pero mientras sea yo quien tenga la llave, esté la puerta cerrada o abierta, nunca estaré encerrado.

El resultado irremediable de saber quién soy y de no depender de nadie es que yo me responsabilizo, me hago cargo de mí, soy dueño para siempre de mi vida.

Autodependencia es, para mí, un sinónimo de salud mental y podría definirse así:

> Sé que no me basto a mí mismo para algunas cosas,
> porque me reconozco carente y necesitado,
> pero a cargo de estas carencias y esas necesidades
> siempre estoy yo.

Y tanto digo siempre, que estoy a cargo aun en los casos en los que aquello que preciso depende de algo que está fuera de mí. Por ejemplo, necesito encontrar fuera cierta cuota de aprobación. Todos necesitamos aprobación. Pero ya no tengo 5 años. En aquel entonces, la única persona que me podía dar esa aprobación era mi mamá, y no estaba mal; pero ahora sé que si ella no está o no me da la aprobación que reclamo, otra persona podrá hacerlo.

Puede suceder que alguna de las cosas en las que creo o muchas de las que disfruto, no sean compatibles con alguna persona que amo. Quizá a mi esposa no le gusten... Quizá alguno de mis amigos no las apruebe...

Debo saber que no es imprescindible que abandone esas cosas, las olvide o las desprecie por esa razón.

No debo romper mi poema si a una de las personas a las que se lo leo me dice que no le gusta.

Quizá a otros sí les guste.

Quizá pueda compartirlo con otra persona.

Quizá pueda aceptar que es suficiente que me guste a mí.

Y, por supuesto, este principio es profundamente cierto en las relaciones de los demás conmigo. El hecho de que a mí no me interese para nada la ciencia ficción no quiere decir que mi esposa deba dejar de leer a Asimov o tenga que empezar a hablar mal de Bradbury. En el peor de los casos, si ella quiere mantener conversaciones sobre los autores que le interesan y yo ni siquiera soporto hablar del tema, será parte de su responsabilidad autodependiente buscar a alguna otra persona con quien compartir esas inquietudes.

Ella tendrá que ir a la presentación mundial de la nueva entrega de *La guerra de las galaxias* con alguien que no sea yo, si es que a mí no me interesa ir a verla con ella. Como compensación tácita, ella se sentirá libre de no tener que someterse al martirio de acompañarme a la ópera si no le gusta, porque siempre puedo ir solo o invitar a mi hermano, a quien sé que le encanta.

Las últimas investigaciones

El genoma humano y los aportes de la nueva ciencia, la neurobioinmunoendocrinología, parecen demostrar que cada uno nace con cierta tendencia conductual, ligada al resto de la información genética: el color de pelo, el color de la piel, ser varón o mujer, etcétera. Este temperamento, como se le llama, no es por tanto algo que uno elige. Uno nace con él.

Cada persona tiene, pues, su manera de ser y, en el momento en que asume su propia individualidad, se da cuenta de lo que significa "yo" y de que "yo" es diferente de otros. Sabe que a su hermano le gusta el caballo del tiovivo y a ella el helicóptero; que prefiere viajar del lado de la ventanilla y el primo elige siempre el lugar del medio.

Empieza a discriminarse, en el sentido de separarse y diferenciarse del afuera. Yo soy yo y mis deseos son los míos, aunque no sean los mismos que los tuyos.

Puedo pedirte ayuda y ofrecerme a compartir algunas de mis cosas, pero dependo de mí mismo.

Cuando soy un adulto sano dependo de mis partes más adultas para que se hagan cargo del niño que sigo siendo; dependo de mis partes más crecidas para que se hagan cargo de mis aspectos más inmaduros; dependo de mí para ocuparme de mí.

Atendiendo una consulta durante más de treinta años he aprendido que una parte importante de lo que sucede con la gente que sufre es que ha sido abandonada de sí misma.

Ha padecido el abandono de sus partes adultas; sus niños han quedado a la deriva, sin nadie que los contenga.

Ésa es, a la vez, razón y causa de que una de cada cuatro personas en Occidente ande por ahí buscando atención, ayuda y cuidado en cualquier lado, pagando como precio más y más dependencia.

La buena noticia, que también aprendí de mis pacientes en este tiempo, es que el proceso de volverse psicológicamente dependiente es absolutamente reversible, siempre. ¡Siempre!

La única condición es darme cuenta de que hay un adulto en mí y aceptar que es responsable del niño o la niña que sigue

en mí, a veces asustado, a veces paralizado, siempre condicionado por las heridas recibidas hace mucho tiempo.

Solamente después, quizá, pueda dedicarme a saber quién
soy a ciencia cierta y encontrarte en la misma búsqueda.

Solamente después, quizá, sepa cómo poder ayudarte, ofre-
certe o entregarte lo que tengo para dar.

Solamente después, quizá, yo aprenda a recibir lo que tú tienes para mí, sin que yo lo espere, lo exija ni intente conseguirlo,
sólo por tu deseo y el mío de compartir lo que tenemos.

No se puede empezar a recorrer el camino de la felicidad hasta
que no sean mis pies los que marquen mi huella, hasta que no
sea mi corazón el que decida el rumbo, hasta que no sea yo quien
corra los riesgos de mis decisiones, hasta que yo no sepa quién
soy y quién no soy yo.

5. CONDICIONES DE LA AUTODEPENDENCIA

Estar en verdadero contacto

Conectarse quiere decir **estar** en sintonía con lo que sucede, lo que a su vez significa que hay una congruente relación entre lo que siento, lo que percibo, lo que hago, y el estímulo original.

La teoría general de la conducta nos explica que cada persona responde a los estímulos del afuera siguiendo un determinado patrón aprendido y repetido anteriormente. Gran parte de la descripción de nuestra relación con el universo que nos rodea se podría sintetizar en dichos patrones de conducta. En terapia Gestalt llamamos a esto el ciclo permanente y alternante de Contacto y Retirada.

El punto cero de Inicio es el lugar donde uno se encuentra aislado de lo que todavía no pasó, o al margen de algo que está pasando y de lo que aún no se enteró. El estímulo está fuera de la persona, y no tiene todavía ninguna relación con ella.

Si estoy a punto de entrar en una reunión donde hay gente que no conozco, la situación de punto cero la podríamos situar en el instante justo antes de entrar, o quizá antes todavía de viajar hacia la reunión.

Cuando llego, me enfrento a la situación de la gente reunida. Agradable o desagradable, tengo una sensación. Esto es: siento algo. Mis sentidos me dan información. Veo a la gente, siento los ruidos, alguien se acerca. Tengo sensaciones olfativas, auditivas, visuales, corporales; quizá me tiembla un poco el cuerpo y estoy transpirando. Después de las sensaciones "me doy cuenta", tomo conciencia de lo que pasa. Analizando mi percepción, deduzco que la reunión es de etiqueta, que hay muchísima gente y me digo: "me miran". Me doy cuenta de lo que está pasando, de qué es esto que estimula mis sentidos.

Luego se movilizan mis emociones. Siento, pero no ya desde los sentidos. Empiezo a sentir que me asusta, que me gusta o que me angustia. Siento placer, inquietud o excitación. Siento miedo, ganas, deseo, placer de verlos o temor por el resultado del encuentro.

Las emociones bullen dentro de mí, me alertan, me preparan, me estimulan.

Una vez que las emociones se instalan, empiezan a pugnar por transformarse en acción. Siento la energía en mí que hace fuerza para empujarme a actuar (no en vano "emoción" viene de "e" y de "moción": energía al servicio del movimiento).

Me asusto y me voy o me quedo y empiezo a hablar; hablo por allí o por acá; decido contar mis emociones o no contarlas, las escondo, las disimulo o las utilizo como disparador para contar un cuento. ¿Quién sabe?

Es el momento del contacto, el punto clave.

El contacto como posibilidad de establecer una relación concreta con el estímulo de fuera y dar lugar a una respuesta.

Contacto es: no sólo tengo sensaciones, me doy cuenta, me movilizo y actúo, sino que, además, vivo, me comprometo con la situación en la que estoy inmerso. Estoy en sintonía.

Y después de estar en contacto durante un tiempo, por preservación, por salud, por agotamiento del ciclo o por resolución de la emoción, hago una despedida y una retirada.

Me alejo para quedarme conmigo. Es el momento de la retirada que me vuelve por supuesto al Inicio para volver a empezar.

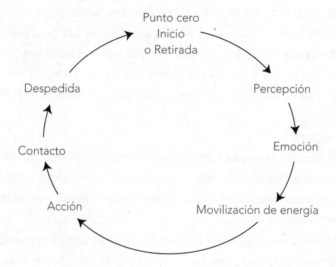

Pensemos en un ejemplo clásico, el del pintor con su cuadro:

El pintor se para frente a la tela que aún no ha empezado a pintar y tiene la sensación de desafío que le proporciona la blancura del lienzo. Se da cuenta del vacío que tiene enfrente y se vuelve aún más consciente de que hay algo para hacer con lo que está ante sus ojos. El artista asiste, se podría decir que sin poderlo evitar, a la irrupción de sus emociones. Empieza a sentir cosas frente a esta tela en blanco y el deseo de pintar. Y, entonces, hace una acción, agarra un pincel con pintura y una espátula, se acerca a la tela y pinta sobre ella, que es la transformación en acción de la emoción que sentía.

Después de dar cuatro o cinco pinceladas, el pintor se detiene, da unos tres pasos atrás y mira.

Éste es el momento que llamamos "antes de la retirada".

Al retirarse y mirar, se da cuenta, percibe lo que ahora ve y tiene la sensación de lo que ha puesto en la pintura. Sólo unos segundos o unos minutos después se da cuenta de cómo está su obra y tiene otra vez un caudal de emociones, tiene otra vez conciencia de lo que ve y otra vez asume que hay algo por hacer. Otra vez esta sensación se transforma en una acción. El artista se acerca al pincel y a la paleta. Por algún tiempo vuelve a pintar, antes de retroceder, para un nuevo comienzo del ciclo.

Toda nuestra vida está signada por momentos en los que, desde la distancia o el aislamiento, descubrimos sensaciones y movilizamos emociones, que, como dijimos, son energía potencial al servicio de lo que sigue.

Cuando consigo transformar esas emociones en una acción congruente, ella me pone en contacto con la cosa. La vivo, opero en ella y, en pequeña o gran medida, la modifico o me modifico.

Cuando la situación se agota o cambia con mi intervención (o cuando yo me agoto de la vivencia), me retiro otra vez, pero no en el sentido de irme, sino de volver a comenzar. Desde un punto de vista más amplio, salir corriendo también puede ser una buena expresión de estar en contacto con una determinada realidad, aunque esa actitud no suene a priori muy conectada.

El amor por uno mismo

Alguna vez la curiosidad y el interés por mis aspectos más místicos me llevaron a estudiar un poco de interpretación de la Biblia, especialmente el Antiguo Testamento. Nuestro maestro, un rabino genial, nos sorprendía, una y otra vez, con datos, interpretaciones y enseñanzas contenidas en el libro sagrado que, como él siempre decía, tiene su sabiduría encerrada en cada letra y cada palabra del texto, especialmente en las frases que parecen contradecir algo establecido en otro lugar, algo ya dicho en otro capítulo. Una de esas ilustrativas "contradicciones" viene a mi memoria ahora mismo. Sólo se conoce verdaderamente aquello que se ama, dice el Antiguo Testamento en el Génesis la primera frase. Sólo se puede amar verdaderamente aquello que se conoce, asegura una frase, mucho después. "¿Cuál es la acertada y cuál la que se equivoca?", nos preguntaba el maestro. Y luego él mismo contestaba: "No hay contradicción, ambas son correctas porque amar verdaderamente y conocer son partes de un mismo proceso".

Hoy recuerdo su enseñanza y confirmo que, desde la psicología, como yo la entiendo, para poder saber quién es uno, resulta necesario el propio amor, como lo llamaba Rousseau, y que para sentir el mejor amor por uno mismo es imprescindible conocerse totalmente.

Este saludable egoísmo, como a mí me gusta brutalmente llamarlo, incluye mi capacidad de quererme, mi autoestima, mi sensación de saberme valioso y el orgullo de ser quien soy.

Desde la publicación de mi libro *De la autoestima al egoísmo*,[1] la gente siempre me pregunta: "Pero ¿por qué lo llamas egoísmo...? A mí no me deja aceptarlo con tranquilidad. ¿No podrías llamarlo de otra forma?".

Lo llamo así porque me parece que los eufemismos siempre sugieren una distorsión de los conceptos o, por lo menos, un menosprecio de su importancia. Lo llamo así aunque sólo sea para no caer en la tentación de evitar usar una palabra sólo porque tiene "mala fama".

---

1   *De la autoestima al egoísmo*, Océano, México, 2000.

El mundo está demasiado confundido con este tema como para seguir temiendo a las palabras.

Dice el Talmud:

> Si yo no pienso en mí, ¿quién lo hará?

Eso es egoísmo puro y duro, aunque nos cueste llamarlo así y aunque después se apresure a agregar:

> Pero si pienso sólo en mí, ¿quién soy?

Con seguridad, a todos nos vendría bien querernos un poco más o tratarnos un poco mejor. Valorarnos más, respetarnos más, ocuparnos mejor de nosotros mismos.

Cuando analizamos en profundidad las raíces neuróticas de la identidad social encontramos que, cuando a un individuo se le prohíbe por decreto "ser egoísta", para encontrar un lugar donde quererse, cuidarse y atenderse no tiene más remedio que volverse mezquino, ruin, codicioso, competitivo y retorcido. Muchas personas se han vuelto despreciables porque se les hizo creer que por fuerza debían elegir entre ellos mismos y los demás, a la vez que se les condicionaba para pensar que si se escogían a sí mismos lo hacían en contra de lo que moralmente "estaba bien", excepto "en tiempos de guerra".

El resultado es previsible. Los individuos desarrollan estructuras obedientes y sumisas o se plantean cada situación vital como una batalla a muerte para justificar su decisión de defender sus intereses.

Como es obvio, no comulgo con estas opciones. Creo que hasta que el individuo no descubre su mejor y más sano egoísmo, no deja salir lo mejor de sí mismo. Hasta que no se da cuenta de que él es el centro de su existencia, seguirá girando alrededor de cosas externas, vivirá descentrado.

Este egoísmo no excluye la necesidad o el deseo de compartir con otros sino que, por el contrario, lo jerarquiza y revalora. Por supuesto que algunos aspectos de nuestro mundo no se disfrutan adecuadamente si no son compartidos: tú y yo podemos charlar, ponernos de acuerdo y también estar en desacuerdo, podemos tener espacios en el mundo común a ambos y disfrutarlos en mutua compañía. Sin embargo, si alguna vez decides irte, te irás con tu mundo y yo, para bien y para mal, me quedaré con el mío.

Si yo renuncio a ser el centro de mi mundo, algo o alguien va a ocupar ese espacio. Si con la excusa de mi amor o de tu importancia en mi vida decido girar alrededor de ti, empiezo a estar pendiente de todo lo que digas y hagas, vivo en función de lo que me permitas, dependo de lo que me des, aprendo de lo que me enseñes, veo solamente lo que me muestres y prescindo, como si no existiera, de lo que me ocultes...

En lo personal, lo mismo o casi me pasa cuando me doy cuenta de que soy para otro el centro de su mundo. Me agobio, me canso, me pudro, empiezo a asfixiarme y quiero escapar...

Amor propio y amor a otros

Mi idea de un encuentro sano es la de dos personas centradas en sí mismas que comparten su camino sin renunciar a ser quienes son. Pero si no estoy centrado en mí, es como si no existiera. Si no sé quién soy, si no contesté a esta primera pregunta, ¿cómo podría contestar las siguientes? ¿Cómo podría encontrarte en mi camino?

Pero es difícil aceptar esta idea del amor, especialmente porque va en contra de todo lo que aprendimos. La sociedad intenta de muchas maneras (sutiles y de las otras) entrenarnos para privilegiar al prójimo. Aprendemos, por ejemplo, que si estamos juntos cualquier cosa (¡**cualquiera**!) que es importante para ti debe serlo también para mí.

Cada vez que digo que estamos caminando en la dirección equivocada y explico que deberemos aceptar que somos el centro de nuestra existencia o que la mirada de uno mismo es más importante que la mirada de los otros, alguien salta indignado: "¡Ése es un pensamiento egocéntrico!". Cuando llego a escuchar la pregunta y me dan tiempo respondo: "Sí, claro. Es egocéntrico. Y además, sería saludable que lo seas. Lo malo no es centrarte en ti mismo. Lo insano es querer ser el centro de la vida de otro".

Indefectiblemente, para aprender esta idea del encuentro hay que tener el coraje de ser los protagonistas de nuestra vida. Porque si se cede el protagonismo, no hay película.

Tú puedes ser muy importante en mi vida. Puedo quererte mucho y estar dispuesto a ceder un poco porque, además de quererme a mí te quiero a ti; pero no quiero que me obligues a elegir entre los dos. Me hace reír el reclamo que tantas veces he escuchado en medio de una discusión negociadora: "Pero tú quieres que todo sea como a ti te conviene".

Me causa gracia. Por supuesto que me gustaría que se haga lo que más me conviene a mí; lo que sucede es que presumo que lo mismo te pasa a ti: ¿por qué otra razón estaría negociando contigo? No haría falta discutir si no me prefiriera a mí antes que a ti. Simplemente haríamos lo que tú quieres.

Negocio contigo solamente porque parece imposible hacer solamente lo que yo quiero. Si te diera lo mismo hacerlo de una forma o de otra y si pudiéramos hacerlo a mi modo y sin dañar a otros, ¿por qué no podemos hacerlo como a mí me gusta?

No se nace sabiendo disfrutar el hecho de compartir; tampoco es obligatorio, pero se puede aprender.

Salvo que nos haya acompañado desde muy pequeños por decisión de nuestros padres o educadores, al principio, la música clásica nos parece un poco chirriante y hasta difícil de tolerar. Con el tiempo, por casualidad o de la mano de alguien, uno descubre por ejemplo a Tchaikovski y empieza a disfrutar de su maravillosa música. Después de escuchar varias veces *El lago de los cisnes* y la suite de *Cascanueces*, uno se atreve con *Copelia* o *Giselle*. No es largo el paso desde disfrutar del ballet hasta encontrar el placer del barroco, y mucho menos desde allí a la música sinfónica. Uno va educando su oído y no pierde el gusto por lo anterior, porque está aprendiendo. Y va creciendo hasta, quizá, escuchar y disfrutar de los más sofisticados conciertos o de la ópera...

Del mismo modo, cuando no hemos sido entrenados para mirar pintura, vemos un cuadro famoso y no entendemos. Pero igual que sucede con la música, se aprende a mirar una pintura y se aprende a disfrutar de ella.

La moral también se aprende.

Nadie puede hacer que me guste Goya, nadie puede obligarme a que me guste Picasso, pero si aprendo, si crezco, si educo mi buen gusto, va a crecer la posibilidad de que me gusten esas cosas, voy a encontrar aquello que realmente está allí, para poder extraerlo y disfrutarlo.

Apuesto con todo mi corazón por nosotros.

Pero si vas a forzarme a elegir...

entre tú y yo...

yo.

Como ya dijimos, no debería confundirse la expresión de este sano egoísmo con las conductas de los miserables, los codiciosos o los avaros, que son otra cosa.

No hace falta ser un mal tipo para ser egoísta, ni viceversa; del mismo modo que no hace falta ser una mujer jorobada para ser una bruja, ni viceversa.

Aunque nuestro aprendizaje nos lo haga aparecer como incompatible, se puede ser egoísta y tener muchas ganas de compartir.

Hablando de mí, siempre digo lo mismo: me da tanto placer complacer a las personas que quiero, que siendo tan egoísta... no me quiero privar de ello... Llamo a esto el egoísmo solidario.

No quiero privarme de alegrar la vida, aligerar el camino o llenar de sonrisas la cara de mis amigos. Pero no lo hago por ellos, lo hago por mí.

Y es una gran diferencia.

Si yo hiciera cosas por ti, no podría seguir sosteniendo el valor de la autodependencia. Mi actitud no dependería de mí, sino de lo que tú necesitaras de mí. Y entonces... quizá... poco a poco... sin darme cuenta, me iría volviendo dependiente.

Esta dependencia empieza cuando dejo de hacer algo porque creo que no te gustaría que lo haga, o hago otras cosas porque sé que es eso lo que esperas de mí. Si me he vuelto dependiente en mi afán de complacerte, habrá cada vez más permisos que no me podré conceder. Y no parece que ese amor conduzca a nadie a un buen lugar.

El amor por los otros se genera y se nutre. Más aún, empieza por el amor hacia uno mismo. Porque el amor tiene mucho que ver con la posibilidad de verse en el otro. Cuanto más disfruto de mi propia vida, cuanto más placer soy capaz de sentir, más entrenada está mi capacidad de amarme y a la vez mi capacidad de amar a otros.

Aquella idea tan ligada a las dos religiones madre de nuestra cultura, la judía y la cristiana, "amarás a tu prójimo como a ti mismo", no debe ser interpretada más que como lo que es: un punto de fuga, un objetivo de máxima, una propuesta de intención. Y a pesar de eso no dice "amarás a tu prójimo 'más' que a ti mismo". Dice: "amarás 'como' a ti mismo".

Dice que esto es lo máximo que uno podría pretender de su amor al prójimo y sugiere que, de esa actitud, llegará la recompensa.

Hay un antiquísimo cuento que, un día, le conté como regalo a Enrique, una de las personas más bondadosas que he conocido.

Es la historia de una muchacha de campo llamada Ernestina.

Ernestina vivía en una granja.

Un día, su padre le pidió que trajera del almacén un barril lleno de maíz y lo dejara en un rincón del granero.

Ernestina bajó hasta el pueblo llevando un barril de madera colgando de dos tiras como si fuera una mochila. Al llegar a la tienda, como había visto hacer a su padre, llenó de granos el tonel, bien hasta el borde. Luego, le clavó la tapa con un par de golpes de martillo y salió del almacén llevando el barril colgando en su espalda, sujeto por firmes correas de cáñamo.

En el camino de vuelta, por el costado de la ruta, Ernestina fue pasando frente a la casa de todos los granjeros del pueblo, todos ellos muy amigos de su padre. De pronto, alguno se dio cuenta de que había un agujero en el barril de la niña y que una hilera de granos caía del tonel sin que Ernestina lo notase. El hombre comenzó a hacerle señas para explicarle el problema, pero ella, entendiendo que era un saludo, le sonrió y agitó su mano en señal de amistad.

Más adelante, otros granjeros le gritaron a coro:

—¡Estás perdiendo el maíz!

Ernestina escuchó lo que le decían, así que se dio la vuelta para ver el camino, pero como los pájaros habían estado levantando cada grano perdido casi antes de que tocara el suelo, la niña no vio ni rastros de maíz en el asfalto y pensó que los vecinos bromeaban con ella. Otra vez sonrió y siguió su camino.

A poco más de un kilómetro de su casa, el camino pasaba cerca del chiquero de sus tíos. Su tía la vio pasar y le dijo:

—¡Ernestina, Ernestina! ¡Estás perdiendo el maíz, los pájaros se lo están comiendo!...

Ernestina volvió a girar y se encontró con los pájaros que revoloteaban sobre el camino, pero ni un grano de maíz.

—¡Adiós, tía! —gritó entonces—. Que tengas un buen día...

Cuando el sol llegaba a su máxima altura, la niña llegó al granero, después de haber regado el camino de granos de maíz sin siquiera darse cuenta.

Ernestina descargó el barril de su espalda y tomó la tenaza para destapar el tonel.

Al abrirlo, miró dentro y encontró miles de granos de maíz que llenaban el barril hasta el mismo borde.

Uno puede pensar que es sólo una parábola para estimular a los mezquinos a dar, para conjurar su temor al vacío y que el cuento no es más que una alegoría.

Y, sin embargo, respecto del amor, nunca nadie se vacía cuando ama. Es mentira que por dar demasiado me pueda quedar sin nada. Es mentira que tenga que tener sobrantes de amor para poder amar.

Le dije a Enrique que yo veía en él esa inagotable provisión de amor, como en el cuento.

Él me contestó que podía verla en cada uno de nosotros.

Enrique tiene razón.

No nos vamos a quedar sin maíz para los pájaros si queremos llegar con maíz al granero.

Ni nos vamos a quedar sin maíz para nosotros, si les damos a los pájaros.

No nos vamos a quedar sin posibilidad de amar a los otros si nos amamos a nosotros mismos.

En verdad, nosotros tenemos para dar inagotablemente y nuestro barril está siempre lleno, porque así funciona nuestro corazón, así funciona nuestro espíritu, así funciona la esencia de cada uno de nosotros.

La discriminación

La **discriminación** es otro de los puntos de partida de este tramo del camino. Palabra grave y complicada donde las haya, porque evoca desprecio, racismo, exclusión de los otros.

Sin embargo, no es éste el único sentido que tiene el término, no es éste el sentido en el que lo uso; hablo de discriminación en cuanto a darse cuenta de la "otredad" de los demás.

Es decir, la capacidad de discriminarse en cuanto a conciencia permanente de que hay diferencia entre el yo y el no yo o, por si suena menos complicado, la suma de todo aquello que me permite distinguirme de los que no son yo y lo que hace que tú sepas y yo también, que tú eres quien eres y que yo soy quien soy.

Que somos una misma cosa, pero no somos la misma cosa.

Que no soy idéntico a ti, porque soy otro.

Que no eres idéntico a mí, porque somos diferentes. A veces muy diferentes.

Y lo hemos aprendido... viviendo.

El primer gran dolor

Nacimos creyendo que el universo era parte de nosotros, en plena relación simbiótica, sin tener la más mínima noción de límite entre lo interno y lo externo. Durante esta "fusión" (como la llama Winnicott), mamá, la cuna, los juguetes, el cuarto y el alimento no eran para nosotros más que una prolongación indisoluble de nuestro cuerpo.

Sin necesidad de que nadie nos lo enseñe, dice el mismo Winnicott, la "capacidad innata de desarrollo y de maduración" nos llevará irremediablemente a un profundo dolor (quizá el primero): el de darnos cuenta, a la temprana edad de siete u ocho meses, de que esa estructura única que todo lo contenía, casi a nuestro servicio, era sólo ilusión. Mamá no aparecía con sólo desearlo, el juguete buscado no se materializaba al pensarlo, el alimento no estaba siempre disponible.

Tuvimos que asumir, en contra de nuestro deseo narcisista, que entre todo lo de afuera y nosotros hay una distancia y una barrera.

Un límite que aprenderemos a llamar nuestra propia piel.

Aprendimos, sin querer, la diferencia entre el adentro y el afuera.

Aprendimos, con fastidio, a distinguir entre fantasía y realidad.

Aprendimos, seguramente en contra de nuestro deseo, a esperar y a tolerar la frustración.

Pasamos del vínculo indiscriminado e ilusoriamente omnipotente, a la autodiscriminación y, en consecuencia, al proceso de individuación.

Es justamente a partir de poder separarme del todo que comienzo a construir, poco a poco, lo que la psicología llama "mi identidad", el *self*, la estructura de mi yo.

Aprendo a no confundirme con el otro, a no creer que el otro siente o debe sentir necesariamente igual que yo, porque los demás no piensan como yo ni tienen porque pensar como yo. El otro no está en este mundo para satisfacer mis deseos ni para llenar mis expectativas.

Discriminado, confirmo lo que a veces, después, en mi vida adulta, trato de olvidar o de hacer como que ignoro, yo soy yo y tú eres tú. Un darse cuenta que es condición necesaria para saber quién soy.

Y digo "necesaria", no "suficiente", porque saber que tú no eres yo y que yo no soy tú no alcanza.

Mirarse, escuchar, mirarse

Conocerse es un proceso, una tarea inagotable, un desafío imposible de completar. Es tener claro cuáles son mis fortalezas y cuáles mis debilidades, qué es lo que me gusta y qué es lo que no me gusta, qué es lo que quiero y qué es lo que no quiero.

El "conócete a ti mismo" es uno de los planteamientos más clásicos y arquetípicos de los pensadores de todos los tiempos. Es saberse uno mismo, y no sólo tener registro de las cosas que uno piensa o cree que es. El asunto es, como dijimos, difícil y está en el origen de una gran cantidad de planteamientos filosóficos, existenciales, morales, éticos, antropológicos y psicológicos.

Hay una diferencia importante entre creer y saber.

Pensemos. Si digo: "Yo creo que mañana vuelvo a Buenos Aires", necesariamente estoy admitiendo que pueden pasar cosas por el camino, que acaso algo me lo impida. Pero si digo: "Yo sé que mañana va a salir el sol", tengo la certeza de que va a ser así. Aunque el día amanezca nublado, mañana va a salir el sol. Lo sé.

Siempre que digo "sé" estoy hablando de una convicción que no requiere prueba ni demostración.

Cuando digo "creo", apuesto con firmeza por eso que creo.

Cuando digo "sé", en cambio, no hay apuesta, sólo una manifestación de mi certeza.

Desde luego, uno puede saber y puede equivocarse, puede darse cuenta de que no sabía, de que creía que sabía y aseguraba que era así con la firmeza y la convicción para decir "sé" y descubrir más tarde el error cometido. No hay contradicción; cuando hablo de "saber", hablo de esa convicción, no del acierto de la aseveración. El autoconocimiento es, entonces, la convicción de saber que uno es como es.

Para la Gestalt, esta certeza sólo puede ser consecuencia de un darse cuenta, un *insight* progresivo, el proceso resultante de una mirada sin prejuicios activamente dirigida hacia dentro que termina "empujándome" a descubrir quién soy. Tomar conciencia de quién soy es reconocerse y no construirse.

Y aunque, de todos modos, siempre estemos conociéndonos un poco más, deshacernos de las trampas que nos encontramos en este camino implica mucho coraje y mucho trabajo personal con uno mismo.

—¿Cuánto tiempo debo estar estudiando a tu lado para alcanzar la iluminación? —le preguntó al maestro el recién llegado discípulo.

—Depende de muchas cosas —dijo el anciano—, es difícil saber...

—Aunque sea, quisiera tener una idea... —insistió el joven—. ¿Dos años? ¿Cinco? ¿Diez?

—Digamos diez años —contestó el anciano.

—Es demasiado tiempo... —reflexionó el joven, y después de unos minutos siguió—: ¿Y si yo tomara la decisión de dedicarme solamente a pensar y meditar sobre lo que aprenda? Si no uso mi mente para otra cosa más que para este objetivo, si sólo me ocupo de iluminarme, ¿cuánto tardaría en ese caso?

—Ahhh —respondió el viejo sabio—, si eres capaz de hacer eso verdaderamente, entonces te llevará por lo menos veinte años...

Los tiempos de las cosas siempre dependen de las personas y de la manera en que esas mismas personas actúan. A mí, que no soy ejemplo de nada, el primer paso me llevó mucho tiempo y mucho trabajo; y eso fue sólo para empezar a saber quién era (a veces pienso que debe de ser por la gran superficie corporal por recorrer...).

Sé que otros lo hicieron mucho más rápido. Pero, de todas formas, puedo asegurar que no es algo que se haga en unas semanas ni en unos meses. Enfrentar el desafío de la primera pregunta es convertirse en un valiente conocedor de uno mismo. Y, para eso, hay que trabajar duro.

Hay que observarse mucho y sin prejuzgar.

Hay que mirarse todo el tiempo, pero no hay que pasarse todo el tiempo mirándose.

Mirarse en soledad y en interacción; en el despertar de cada día y en el momento de cerrar los ojos cada noche; en los momentos más difíciles y en los más sencillos.

Mirar lo mejor y lo peor de mí mismo.

Mirarme cuando me miro y ver cómo soy a los ojos de otros, que también me miran.

Mirarme en la relación con los demás y en la manera de relacionarme conmigo mismo.

Y, después de mirarme mucho, misteriosamente, para no quedarme en la mera observación, para verdaderamente saber quién soy, hace falta poder escuchar. Escuchar mucho, escuchar todo. Escuchar siempre.

"¿No es una contradicción? ¿Escuchar tanto no me vuelve más dependiente?" No, no es ninguna contradicción. Es un aprendizaje que forma parte del camino.

Escuchar... Nunca dependiendo de la palabra de los demás, pero siempre entendiendo lo que me dicen. Nunca obedeciendo el consejo de los otros, pero siempre teniéndolo en cuenta. Nunca pendiente de la opinión del afuera, pero siempre registrándola con claridad.

Y después de escuchar, volver a mirarse.

Cuando hablo de esto en público, la gente me pregunta si ocuparse tanto tiempo de uno mismo no es demasiado individualista.

Yo creo que no, aunque confieso que mi desacuerdo se dirige más al calificativo "demasiado" que a la palabra "individualista".

Seguramente sea porque me reconozco individualista, y lo peor es que ni siquiera me avergüenza. Yo estoy convencido de que solamente si me conozco podré transitar el espacio de aportar al mundo (especialmente a los que están más cerca) lo mejor que tengo.

Solamente conociéndome puedo pensar en ti.

¿Cómo podría pensarte sin conocerte?

¿Cómo podría conocerte antes de conocerme?

¿Cómo podría conocerme sin ocuparme de mí?

Creo que es imposible que yo me ocupe bien de ti, si antes no me ocupo bien de mí.

Es innegable que podré ayudar más cuanto más sepa de mí, cuanto más camino tenga recorrido, cuanta más experiencia acumule y, de paso, cuantas más veces me haya pasado algo similar a lo que hoy te sucede.

Por supuesto, hay miles de historias de vida de personas que han ayudado a otra gente sin ningún conocimiento, con absoluta ignorancia y portando como única herramienta el corazón abierto entre las manos. Son los héroes de lo cotidiano.

Es verdad. No todo es la cabeza, no todo es el conocimiento que se tiene de las cosas. Ahora pienso que, tal vez, saber y saberme no sea imprescindible para poder ayudar, sin embargo, estoy convencido de que eso suma.

Y yo sigo apostando por sumar y sigo creyendo que es muy difícil dar lo que no se tiene.

Darse cuenta

No es que uno *tenga* un cuerpo, sino que uno *es* un cuerpo.

No es que uno *tenga* emociones, sino que uno *es* las emociones que siente.

No es que uno *tenga* una manera de pensar, sino que uno *es* su manera de pensar.

En definitiva, cada uno de nosotros *es* sus pensamientos, sus sentimientos, su propio cuerpo y *es*, al mismo tiempo, algo más: su esencia.

Integrar todo aquello que la alegoría del carruaje, que te narré al principio, nos presentaba como un todo. Como ya dijimos, lo mejor y lo peor de mí, mis virtudes y mis defectos, mi miedo y mi coraje, mi lucidez y mi majadería, mis palabras y mis silencios, mis capacidades y mis limitaciones.

Si uno pudiera transformar estos "darse cuenta" en una actitud más aceptadora, más cuidadosa, más comprensiva para con uno mismo... si uno pudiera decir "me equivoqué; la próxima vez puedo tratar de hacerlo mejor...", en vez de acusarse o insultarse diciéndose "soy un imbécil. ¡¿Cómo pude equivocarme?!".

Si yo pudiera dejar de enojarme conmigo cuando las cosas no salen como hubiera querido, los cambios que necesito que sucedan en mí se volverían paradójicamente más posibles.

Nadie hace un cambio desde la exigencia.

Nadie se modifica de verdad por el miedo.

Nadie crece desde la represión.

Asertividad

Después de darse cuenta de uno mismo, uno empieza a tener más registro de dónde está parado. El desafío que sigue, entonces, es la capacidad de defender ese lugar que ocupo, que incluye la defensa de mi derecho de ser la persona que soy, la energía que pongo en no renunciar a mi manera de hacer las cosas por complacer a otros.

No me refiero a ser terco, sino a mostrar y defender mis ideas, a aprender a poner límites, a valorar mi intuición y a no despreciar la propia percepción de las cosas.

El poeta uruguayo Romildo Risso escribió alguna vez un poema que tituló "Los ejes de mi carreta", que luego el más grande de los cantantes folclóricos argentinos, Atahualpa Yupanqui, transformó en la canción del mismo nombre. En una parte decía más o menos así:

> Porque no engraso los ejes
> Me llaman abandonao...
> Si a mí me gusta que suenen
> Pa' qué los quiero engrasaos.
> [...]
> No necesito silencio...
> Yo no tengo en quién pensar
> Tenía, pero hace tiempo

> Aura ya no tengo más.
> [...]
> Los ejes de mi carreta...
> Nunca...
> Los voy a engrasar.

Asertividad es la palabra que usamos los especialistas de la conducta para hablar de esta capacidad que tiene el individuo sano y adulto de afirmarse en sus decisiones, tener criterio propio y cuidar sus espacios de opinólogos, entrometidos e invasores.

Y esto quiere decir (no sólo, pero también) que, en una reunión, cuando todos están de acuerdo en algo, cualquiera (también tú o yo) pueda decir, siendo sincero y sin enojo ni temor:

"Yo no estoy de acuerdo."

Estoy hablando de no vivir temblando ante la fantasía de ser rechazado por aquellos con los cuales no acuerdo.

Estoy hablando, finalmente, otra vez, del coraje de ser quien uno es, aunque a algunos... y aunque a muchos... no les guste cómo soy.

Autonomía

Es inevitable que la decisión de **no** depender nos lleve a la responsabilidad de elegir; no lo que soy, sino las pautas morales, éticas y conductuales que marcan mi estilo, mi forma y mis principios.

Es claro que si no quiero depender de que haya siempre alguien que me diga qué está bien o qué mal, debo establecer mis propias normas y debo comprometerme a vivir de acuerdo con ellas. Debo, en fin, volverme **autónomo**.

Autonomía es una palabra que suena técnica y distante, pero cuyo significado etimológico (de *auto*, que significa "por sí mismo", y de *nomos*, que quiere decir "ley o norma") la incluye irremediablemente en el desafío de ser libres.

Autónoma es la persona que se sabe siempre capaz de administrar, sistematizar y decidir sus propias normas, reglas y costumbres.

Elegir las propias normas no significa por fuerza desconocer, descartar o despreciar las existentes en la sociedad. Puedo tener normas muy propias, muy adaptadas a lo que soy, en absoluta sintonía con lo que pienso y creo; y aun así bastante coincidentes con las de otros a mi alrededor.

Me parece que una parte del trabajo de vivir adultamente en sociedad es encontrarme rodeado de aquellos que, en libertad, eligen las mismas normas que yo.

Sostener normas coincidentes con las de la sociedad en la que vivo es una manera de asegurar una vida más serena y más feliz; porque es muy difícil ser feliz a contrapelo de todos los demás; aunque en la situación ideal preferiría la compañía de los que, a pesar de nuestras coincidencias, valoran también la importancia de poder cuestionar, corregir y remplazar lo acordado, eternamente.

En todo caso, y sobre todo para los más jóvenes, cabe aclarar que fijarse las propias normas no quiere decir ignorar desafiantemente las leyes. En el peor de los casos, significará el permiso de cuestionarlas y revisarlas, aunque sólo sea para evitar que una prohibición impuesta los empuje a violarla para demostrar su rebeldía o su supuesta valentía.

La educación del mundo que viene deberá pasar por conseguir que todos tengan más posibilidades de elegir. Se trata de desarrollar la conciencia de cada uno, para que sea capaz de decidir lo que quiere prohibirse o permitirse, en lugar de dejar esa decisión en manos de otros.

No olvidemos que, en la mayoría de los casos en los que un grupo de jóvenes elige drogarse, éste no es un permiso que se han dado ni una decisión tomada por ellos. Es la acción resultante de la conveniencia de otros que están eligiendo por ellos.

Hay que tratar de que se desimbecilicen, de que se vuelvan adultos.

Repito: no se trata de prohibir la droga o las películas pornográficas; no se trata de prohibir la prostitución; se trata de generar cultura, información, madurez, para que los jóvenes puedan decidir, con mejores criterios, qué les conviene y qué no.

Se trata de ayudar a los jóvenes y a los no tan jóvenes a pensar por sí mismos.

No quiero que olvidemos en nuestro razonamiento que existen, por lo menos, dos posturas filosóficas claramente enfrentadas que nos podrían condicionar a llegar a conclusiones diferentes: la de quienes piensan que, si no hubiera sido por las leyes y las normas, el hombre habría terminado por destruir al hombre definitivamente, y la de quienes sostienen que, si no hubiera sido por las leyes y las normas, el hombre habría sido mucho más feliz, generoso y amable.

Es imposible saber si las leyes y la represión han contribuido al progreso de la humanidad, al frenar el impulso destructivo supuestamente innato, o si, por el contrario, es justamente el orden impuesto lo que llevó a la aniquilación de gran parte de la creatividad y la espontaneidad del ser humano, como creen los anarquistas.

Y traigo el tema a colación porque es muy difícil decidir sobre educación sin tomar, previamente, una postura ideológica respecto de lo anterior. Porque, aunque no nos demos cuenta, esta vida que estamos construyendo es aquella en la que vamos a vivir en el futuro y la que dejaremos como legado a nuestros hijos y a los hijos de ellos.

Es muy difícil pensar en personas autónomas si partimos del principio hobbesiano de "el hombre como lobo del hombre", porque, con este planteamiento, hasta parece arriesgado dejar al ser humano en libertad.

Yo, por supuesto, puedo estar de acuerdo con poner mis reglas a mi vida, pero estoy totalmente en desacuerdo con imponerles mis normas a otros.

Y esto es porque creo que la Libertad, con mayúsculas, no es un mito teórico ni está limitada a ciertas condiciones. Creo en una libertad real y posible. También y no sólo porque sin libertad no existiría la autonomía y sin ella no podríamos dejar de depender de otros, aunque sólo sea para que nos digan por dónde va esto de vivir.

Y entonces habríamos llegado hasta aquí inútilmente.

¡¡Me niego!!

Pero dije libertad absoluta.

¿Por qué?

Porque la libertad con limitaciones no puede ser considerada libertad. Ni siquiera con la excusa de la importancia de las pautas sociales (que responsabilizan a la ley); ni siquiera con la excusa de las reglas de moral universal (más relacionadas con pautas personales).

No hay muchas cosas que uno recuerde de la escuela secundaria.

El trío de la Revolución francesa: "Igualdad, libertad y fraternidad".

El trío de "musgos, algas y líquenes".

Que Átila era "el rey de los hunos".

Y la frase mágica que todo lo explica:

"La libertad de uno termina
donde empieza la libertad de los demás."

Me parece encantador y nostálgico, pero creo que la libertad no funciona de este modo. Mi libertad no termina donde empieza la libertad de nadie.

Dicho sea de paso, éste es un falso recuerdo, porque la frase se refiere al derecho, no a la libertad. Y tu derecho no frena mi libertad, en todo caso legisla sobre las consecuencias de lo que yo decida hacer libremente.

Quiero decir, la jurisprudencia y la ley informan de la pena por hacer lo que está prohibido pero, de ningún modo, evitan que lo haga.

Imaginemos juntos:

Un esclavo pertenece a un amo muy bondadoso.

Un amo que lo autoriza a hacer casi todo lo que quiere.

Un amo, en fin, que le da muchísimos permisos, la mayoría de ellos negados a otros esclavos de otros amos.

Y aún más, un amo que le da a ese esclavo muchos permisos que el mismo amo niega a otros esclavos.

Pregunto, este trato tan preferencial, ¿evita que llamemos a esto esclavitud?

Obviamente, la respuesta es NO.

Si son otros los que deciden qué puedo hacer y qué no, por muy abierto y permisivo que sea mi dueño, no soy libre.

Nos guste o no aceptarlo, somos libres de hacer cosas que vulneren las normas sociales.

La sociedad sólo puede castigar a posteriori o amenazar a priori sobre la consecuencia de elegir lo que las normas prohíben, pero no puede evitar que sea libre.

En la película *Juego de seducción*, un hombre de aspecto rural cuenta a la cámara la siguiente historia:

Cuando yo tenía 8 años encontré el Río Perdido. Nadie sabía dónde estaba, nadie en mi condado podía decirte cómo llegar, pero todos hablaban de él. Cuando llegué por primera vez al Río Perdido, me di cuenta rápidamente de que estaba allí. Uno se da cuenta cuando llega. ¡Era el lugar más hermoso que jamás vi, había árboles que caían sobre el río y algunos peces enormes nadaban en las aguas transparentes! Así que me quité la ropa, me zambullí en el río, nadé entre los peces y sentí el brillo del sol en el agua. Sentí que estaba en el paraíso. Después de pasar toda la tarde allí, me fui marcando todo el camino hasta llegar a mi casa y allí le dije a mi padre:

—Papá, encontré el Río Perdido.

Mi papá me miró y rápidamente se dio cuenta de que no mentía. Entonces, me acarició la cabeza y me dijo:

—Yo tenía más o menos tu edad cuando lo vi por primera vez. Nunca pude volver.

Y yo le conté:

—No, no... Pero yo marqué el camino, dejé huellas y corté ramas, así que podremos volver juntos.

Al día siguiente, cuando quise regresar, no pude encontrar las marcas que había hecho, y el río se volvió perdido también para mí. Entonces me quedó el recuerdo y la sensación de que tenía que buscarlo una vez más.

Dos años después, una tarde de otoño, fuimos a la dirección de guardabosques del condado, porque mi papá necesitaba trabajo. Bajamos a un sótano y, mientras papá esperaba en una fila para ser entrevistado, vi que en una pared había un mapa enorme que reproducía cada lugar del condado: cada montaña, cada río, cada accidente geográfico estaba allí. Así que me acerqué con mis hermanos, que eran menores, para tratar de encontrar el Río Perdido y mostrárselo a ellos. Buscamos y buscamos, pero sin éxito.

Entonces se acercó un guardabosques grandote y con bigotes, que me dijo:

—¿Qué estás buscando, hijo?

—Buscamos el Río Perdido —dije yo, esperando su ayuda.

Pero el hombre respondió:

—No existe ese lugar.

—¿Cómo que no existe? Yo nadé allí.

Entonces, él me dijo:

—Nadaste en el Río Rojo.

Y yo le contesté:

—Nadé en los dos, y sé la diferencia.

Pero él insistió:

—Ese lugar no existe.

En eso regresó mi papá, le tiré del pantalón y le dije:

—Dile, papá, dile que existe el Río Perdido.

Y entonces el señor de uniforme dijo:

—Mira, niño, este país depende de que los mapas sean fieles a la realidad. Cualquier cosa que exista y no esté aquí en el mapa del servicio oficial de guardabosques de Estados Unidos sería una amenaza contra la seguridad del país. Así que si en este mapa dice que el Río Perdido no existe, el Río Perdido no existe.

Yo seguí tirando de la manga de mi papá y le dije:

—Papá, dile...

Mi papá necesitaba el trabajo, así que bajó la cabeza y dijo:

—No, hijo, él es el experto, si él dice que no existe...

Y ese día aprendí algo: cuidado con los expertos. Si nadaste en un lugar, si mojaste tu cuerpo en un río, si te bañaste de sol en una orilla, no dejes que los expertos te convenzan de que no existe. Confía más en tus sensaciones que en los expertos, porque los expertos son gente que pocas veces se moja.

No puedo dejar de recordar cuánta tristeza sentí la primera vez que escuché la historia y no puedo evitar sorprenderme de que hoy todavía me emocione tanto pensar en aquel niño tirando de los pantalones de su padre que, de todas maneras, pobre, decidió anteponer su necesidad de trabajo a defender su verdad.

Todos los planteamientos tienen sus excepciones, aunque la norma siga en vigencia. Cada quien decide cuándo y cómo adapta su conducta a la exigencia del entorno y qué hace teniendo en cuenta todo lo que es y el abanico de necesidades y urgencias que cada quien aporta en cada momento.

Una manera de no hacerse cargo de la propia responsabilidad fue durante años el refugio preferido de los pacientes del viejo psicoanálisis de hace medio siglo: hacer responsable excluyente de mi historia personal a los mandatos, permisos y prohibiciones de mis padres y al condicionamiento social y cultural recibido en mi infancia. Seguramente la historia de aquellas heridas es una dificultad, pero no es esclavitud. Puedo elegir, pagando los costos, aceptar, cuestionar o rechazar cada mandato. Claro que de nada serviría actuar reactivamente, haciendo siempre lo contrario de lo aprendido, porque por supuesto sería otra forma de dependencia (una especie de obediencia "en negativo"), pero puedo, si es necesario, buscar ayuda y trabajar para desacondicionarme definitivamente de ellos.

Mi historia, la que hace que yo elija comer peras y no melocotones, porque en mi casa se comían peras, y que condiciona mi elección, no impide que yo elija. Mi historia pasada ya no está fuera, hoy forma parte de mí y, por lo tanto, soy el que ahora elige las peras, aunque siga siendo libre de elegir cualquier otra fruta.

Mi condicionamiento consiste en mi tendencia a elegir siempre lo mismo, no en no poder elegir, que son cuestiones muy distintas.

Una vuelta de tuerca más todavía: si, condicionado por su historia, uno elige ser esclavo, entonces, ¿es libre o es esclavo?

Es la vieja paradoja de la libertad. ¿Se puede **elegir** no elegir?

Aristóteles decía: "Tengo una piedra en la mano y puedo decidir seguir con la piedra o tirarla al lago. La elección es mía y mientras yo tenga la piedra en la mano tengo las dos posibilidades".

Hay algunas elecciones que abren y otras elecciones que cierran. En el ejemplo de Aristóteles, el día que elija tirar la piedra al lago ya no podré elegir tenerla o tirarla.

En el planteamiento del esclavo: si el que elige ser esclavo puede después elegir ser libre, entonces es libre, aunque viva como esclavo; pero si abandona para siempre su posibilidad de elegir, ha perdido su libertad.

En la leyenda de Tristán e Isolda, Tristán toma por error un filtro de amor y queda perdidamente enamorado de Isolda. Entonces se convierte en su amante. El rey, que pensaba casarse con ella, se ve traicionado por Tristán y le dice: "¿Cómo pudiste hacerme esto a mí? Yo soy tu amigo y tú te acostaste con la mujer que iba a ser mi esposa". Y Tristán le responde: "¿A mí me preguntas? ¿Yo qué tengo que ver? Pregúntale a ella, que yo soy esclavo de mi corazón y ella es su dueña...".

¿Podemos disculpar a Tristán pensando que no es responsable de su traición, aceptando que tomó del filtro del amor y ya no es dueño de su voluntad? Puede ser. A los usos de la bellísima leyenda, nuestra propia alma romántica nos empuja a comprender y apenarnos de su destino casi trágico, pero deberemos admitir, si queremos ser adultos, que en la vida real no hay pociones que capturen nuestra voluntad. En la vida real siempre somos responsables de lo que elegimos.

Porque estos condicionamientos que otros dejaron en mi alma, con los mandatos, con los aprendizajes, con los premios y castigos recibidos a través de las pautas sociales hoy son parte de mí. Igual que mi experiencia, mis vivencias y mis principios. Todo ha tenido mucho que ver con el hecho de que yo sea lo que soy, pero es la hora de asumirme con esta realidad. Éste soy yo, hoy; y desde este que soy, elijo.

Saberme libre me obliga a reconocer que soy yo quien elige lo que hace, lo que dice, lo que calla y lo que evita. Y esta decisión me hace responsable de todo eso y de su consecuencia.

Soy yo el que decide y por eso son míos mis éxitos y mis aciertos tanto como lo son mis errores y mis fracasos.

6. DEJAR ATRÁS LO QUE NO ESTÁ

En algún momento de la búsqueda de respuestas deberé enfrentarme al descubrimiento de lo que ya insinuábamos en el capítulo anterior: quien soy no se superpone necesariamente a quien fui, y a veces es totalmente diferente de éste aunque sea su herencia. Esto significa que ya no soy el que era y también que a mi lado ya no tengo las mismas cosas ni están las mismas personas de entonces.

Los duelos son experiencias imprescindibles y forman parte de nuestro crecimiento. Ninguna de las sensaciones asociadas a la tristeza es anormal, ninguna vivencia constituye en sí misma parte de una enfermedad, ninguna es una amenaza a nuestra integridad.

Puede ser que en un momento alguien pueda tener un duelo menos denso, no tan complicado, un proceso que no se desarrolle con tanto sufrimiento ni tanta angustia, y está bien... Puede ser que otra persona o esa misma, en otro momento, quizá similar, transite otro duelo que incluya etapas tortuosas y difíciles... Y está igual de bien que así sea.

La vivencia de cada uno frente a una pérdida es un asunto único y personal; y justamente porque así lo entiendo es que, más que otras veces, te pido que te sientas con derecho a disentir, que te permitas decir "no estoy de acuerdo" o "yo creo exactamente lo contrario", que te animes a pensar que soy un estúpido o que te enojes conmigo por sostener esto que digo.

No te dejes tentar por el lugar común de pensar que, si lo dice el libro, entonces **esto** es lo que "se debe" o "no se debe" sentir, porque un duelo siempre ha sido algo personal y siempre lo será.

Tomemos algunos miles de personas y pintémosles de tinta negra los pulgares. Pidámosles después que dejen su huella en las paredes. Cada una de las manchas va a ser diferente, no habrá dos idénticas, porque no hay dos personas con huellas dactilares iguales. Sin embargo, todas tienen características similares que nos permiten estudiarlas y saber más de ellas.

Cada uno de nuestros duelos es único y cada manera de afrontarlo es irrepetible...

Pero también es cierto que cada duelo se parece a todos los demás duelos propios y ajenos en ciertos puntos que son comunes y que nos ayudarán a entenderlos. De hecho, ayudar en un duelo implica conectar a quien lo padece con el permiso de expresar sus emociones, cualesquiera que sean, a su manera y en sus tiempos. Todos los terapeutas del mundo (que disentimos en casi todo) estamos de acuerdo en que la posibilidad de encontrar una forma de expresión de las vivencias internas ayudará a aliviar su dolor a quienes están transitando por este camino.

Puede ser que alguien cuestione lo anterior diciendo que no hay necesidad de ser dramático. ¿Por qué tendría uno que estar pensando que se va a separar de las cosas? Podría haber y, de hecho, hay muchas cosas que uno toma para toda la vida. A ellas puede uno aferrarse tranquilo, porque sabe que estarán a su lado hasta el último minuto, porque ha decidido que estén con uno para siempre...

Quizá sería bueno si no fuera porque no es posible.

Éste es el primero de los aprendizajes de ser adultos.

Me guste o no, voy a ser abandonado por cada persona, por cada cosa, por cada situación, por cada etapa, por cada idea, tarde o temprano, e inevitablemente.

Y si así no fuera, si yo me muriera antes de que me dejen y no quiero aceptar que, de todas maneras, todo seguirá sin mí, deberé admitir que seré yo el que abandona y sería innoble no estar alerta, para no retener, para no atrapar, para no apegar, para no encerrar, para no mentir falsas eternidades incumplibles.

Y además, ¿cuánto puedo disfrutar de algo si estoy pendiente o cuidando de que nada ni nadie me lo arrebate?

Supongamos que esta pequeña estatua en mi escritorio, ese adorno o aquel cenicero están hechos de un material cálido y hermoso al tacto.

Supongamos ahora que tomo uno de ellos firmemente entre mis manos porque me parece que alguien me lo quiere quitar. Lo aprieto muy fuertemente para evitar que me lo quiten. ¿Qué pasará si el peligro permanece (aunque sea imaginario) y yo consigo retener el objeto en mi poder? Dos cosas.

La primera es que me daré cuenta de que se acabó el placer; ya no tengo ninguna posibilidad de disfrutar táctilmente de esto que aprieto. (Pruébalo ahora, toma algo fuertemente entre tus manos y aprieta. Fíjate si puedes percibir cómo es al tacto. No puedes. Lo único que puedes percibir es que estás agarrándolo, que estás tratando de evitar que esto se pierda.)

La segunda cosa que sucede cuando lo retengo tenazmente es que aparecerá el dolor. (Sigue aferrando el objeto con fuerza para que nadie pueda quitártelo y observa lo que sigue.) Lo que sigue a aferrarse siempre es el dolor. El dolor de la mano cerrada, el dolor de una mano que, apretada, obtiene un único placer posible, el de no haber perdido; el único goce que tiene la vanidad, el de haber vencido a quien me lo quería quitar, el placer de "ganar"...

Conseguí retener lo que quería pero en el camino he renunciado a todo el placer que viniera de mi relación con el objeto en sí mismo.

Esto sucede con la estúpida necesidad de poseer o mantener algunos bienes materiales. Esto pasa con cualquier idea retenida como baluarte. Y esto sucede con la posesividad en cualquier relación, incluso en los vínculos más amorosos, aun con los padres, aun con los hijos, aun con las parejas. De hecho, lo que hace que mis vínculos transiten en espacios disfrutables, es siguiendo la metáfora, el poder abrir la mano. Aprender a no vincularme desde el lugar odioso de atrapar, controlar o retener, sino de la situación del verdadero encuentro con el otro, que sólo puede disfrutarse en libertad.

Mucha gente cree que no aferrarse significa no comprometerse.

Un concepto que yo no comparto, pero entiendo.

La distorsión parece deducirse de pensar que, como sólo me aferro a quienes son importantes para mí, entonces, aferrarse es un símbolo de mi interés y, por lo tanto, mi no aferrarme queda sindicado como la falta de compromiso del desamor...

Esto es lo mismo que deducir que, como los muertos no toman Coca-Cola, si dejas de tomar Coca-Cola te volverás inmortal.

Tiene el mismo fundamento que pensar que si tu pareja no te controla quiere decir que no te quiere.

Que es la misma idea de aquellos que creen que si uno no se enoja, no se pone en movimiento.

Que es lo mismo que creer que si no te obliga la situación, nunca haces nada.

Que es la misma idea de que, si no le exiges a tu empleado, no rinde.

Que es la misma idea de que, si los abogados no tuvieran un día límite para entregar sus escritos, nunca los entregarían (...bueno, esto es cierto).

Que es lo mismo que justificar el absurdo argumento de las guerras que se hacen para garantizar la paz.

Que es lo mismo que deducir que, como soy feliz en este momento en que estamos juntos, nunca más seré feliz si te vas de mi lado...

Incluso las pequeñas pérdidas suponen dolor y trabajo. Un dolor que duele y un trabajo que hay que hacer, que no sucede solo. Una tarea que casi nunca transcurre espontáneamente, con uno mismo como espectador. Si bien, en general, todo transcurre naturalmente, sin necesidad de empujarlo o buscarlo, la elaboración del suceso implica, como mínimo, cierta participación activa en el proceso que, no por necesario, es ni remotamente placentero. Y por supuesto que existen pérdidas tan conmovedoras que irremediablemente generan duelos difíciles, más largos, más intensos y más perturbadores...

Es obvio que de nada sirve tratar de evitar el sufrimiento del duelo no comprometiéndose afectivamente con nada ni con nadie; y, sin embargo, este pensamiento se ha ido volviendo una manera de vivir en este conflictivo y hedonista mundo que habitamos; una pauta cultural enseñada, aprendida y muchas veces ensayada, aunque yo y muchos antes que yo la denunciemos como inútil e inaceptable.

Y aunque fuera cierto que este atajo garantiza un menor sufrimiento, ¿tendrá sentido comprar una póliza de seguro contra el dolor de una futura pérdida pagando como prima no entregar el corazón a nada ni a nadie?

Seguro que no.

En la letra pequeña de este macabro contrato dice con claridad que, si bien no se garantiza la ausencia de dolor, se predice la desaparición definitiva de toda posibilidad de disfrutar de un genuino encuentro con los demás.

No es que no sea posible disfrutar sin necesidad de sufrir por ello, pero el goce es imposible mientras se está escapando obsesivamente del dolor.

La manera de no padecer "de más" no es amar "de menos", sino aprender a no quedarse pegado a lo que no está, cuando el momento de la separación o de la pérdida nos toca.

La manera es disfrutar de esto y hacer lo posible para que sea maravilloso, mientras dure.

La manera es vivir comprometidamente cada momento de la propia vida.

La manera es, en fin, no vivir mañana pensando en este día de hoy que fue tan maravilloso, porque mañana deberé asumir el compromiso con lo que mañana esté pasando, para poder hacer de aquello también una maravilla.

Mi idea del compromiso es la del anclaje a lo que está pasando en cada momento y no a lo que viene, y menos a lo que pasó. Quedarse pegado al ayer es como un compromiso con lo anterior. Es vivir colgado del pasado, cultivando lo que ya no es.

¿Qué pasa si uno se anima a redescubrir su relación con el otro cada día?

¿Qué pasa si uno decide animarse al compromiso sólo por hoy?

¿Qué pasa si nos obligamos a renovar el compromiso con el otro diariamente, en lugar de una vez y para siempre?

Para muchos, temblorosos, inseguros, estructurados, transformará nuestra relación en un vínculo *light*, poco comprometido, pero yo digo justamente todo lo contrario.

La más comprometida y afirmada respuesta a un vínculo afectivo es, simplemente, estar dispuestos a no apegarnos a esa persona, a esa situación, a esa relación. Si mañana esto que tanto placer te da se termina, debes ser capaz de tomar la decisión de dejarlo ir, pero hasta que llegue ese momento (que quizá no llegue en tu vida), mientras no suceda el final, intenta ser **todo** compromiso.

> Tengo el compromiso de los que proclaman que
> se comprometen por amor y no el de aquellos
> que aman por compromiso.

Light es la decisión de no comprometerse ni aquí ni ahora, dejando la apertura y el riesgo para otro momento, para otro lugar, para otra realidad, y no creo que esto represente ninguna solución.

Ser quien soy es, como tantas veces dije, animarse a recorrer con dolor pero sin temor este camino regado de lágrimas que son los duelos, porque, además de las personas que uno pierde,

hay situaciones que se transforman,

hay vínculos que cambian,

hay etapas de la propia vida que quedan atrás,

hay momentos que se terminan,

y cada uno de ellos representa una pérdida para elaborar.

Si soy capaz de aceptar estas cosas como parte de la vida, concluiré asumiendo que **mi** principal responsabilidad es aprender a enriquecerme en las despedidas.

Imagínate que yo me aferrara a aquellos momentos hermosos de mi infancia, que me quedara pensando en lo lindo que fue ser niño o viviera añorando aquel instante en que, siendo un bebé, mi mamá me daba la teta y se ocupaba de mí, y yo no tenía nada que hacer más que lo que tuviera ganas; o aún más, imagina que me quedara asido al recuerdo de la imaginaria seguridad del útero de mi mamá, pensando que ese estado supuestamente es ideal.

Imagínate que me quedara en cualquier etapa anterior de mi vida, que decidiera no seguir adelante.

Imagínate que decidiera que algunos momentos del pasado han sido tan buenos, algunos vínculos tan gratificantes, algunas personas tan importantes que no los quiero perder, y me agarrara como a una soga salvadora de eso que ya no soy.

Imagínate que hiciera eso y que tú lo hicieras también. No existiría este libro, ni tu interés por leer estas palabras, ni el deseo de seguir avanzando en la vida. Los dos moriríamos allí, en el pasado, paralizados y congelados. Seguramente esto no es lo que deseamos, esto no podría ser bueno para mí ni para nadie.

Y, sin embargo, dejar cada uno de estos lugares fue doloroso; dejar mi infancia fue doloroso; dejar de ser el bebé de los primeros días fue doloroso; dejar el útero fue doloroso; dejar nuestra adolescencia fue doloroso.

Todas estas vivencias implicaron una pérdida, pero gracias a haber perdido algunas cosas hemos ganado algunas otras. Gracias también a lo perdido y no sólo a lo ganado, soy este que soy.

Puedo poner el acento en esto diciendo que no hay una ganancia importante que no implique, de alguna forma, una renuncia, un coste emocional, una pérdida.

Ésta es la verdad que al final se descubre: que los duelos son imprescindibles para nuestro proceso de crecimiento personal, que las pérdidas son necesarias para nuestra maduración y que ésta, a su vez, nos ayuda a recorrer el camino.

Cuanto más aprenda yo a soltar, más fácil va a ser que el crecimiento se produzca.

Cuanto más haya crecido, menor será el desgarramiento ante lo perdido, y cuanto menos me desgarre por aquello que se fue mejor podré recorrer el camino que sigue.

Cuanto mejor pueda saber quién soy, más capaz seré de dejar algo voluntaria y dolorosamente para dar lugar a lo nuevo que deseo.

Hay que vaciarse para poder llenarse, dice Krishnamurti. Una taza sólo sirve cuando está vacía. No tiene sentido una taza colmada porque ya nada se puede agregar en ella. Nada puede dar, porque para dar deberá aprender a vaciarse.

No soy solamente lo que tengo sino también y sobre todo lo que soy capaz de dar. Y para ello tengo que explorar el soltar, el desapego, y cierta cuota de dolor, porque aunque sublime, también hay una pérdida cuando decido dar de lo mío.

Para poder entonces terminar de contestar mi primera pregunta voy a tener que admitir el vacío. El espacio donde, por decisión, azar o naturaleza, ya no está lo que antes podía encontrar.

Ésta es mi vida. Voy a tener que deshacerme del contenido de la taza para poder llenarla otra vez. Mi vida se enriquece cada vez que lleno la taza, pero también se enriquece cada vez que la vacío, porque cuando lo hago, estoy abriendo la posibilidad de llenarla de nuevo.

Toda la historia de mi relación con mi crecimiento y con el mundo es la historia de este ciclo de la experiencia:

Entrar y salir.

Llenarse y vaciarse.

Tomar y dejar.

Aunque no siempre el proceso sea fácil.

Aunque no siempre esté exento de daño.

Apuntes para un buscador en los momentos de duelo

El primero, date el permiso de sentirte mal, necesitado, vulnerable...

No te hagas el fuerte, no te guardes todo para dentro. Con el tiempo, si sigues adelante, el dolor y el miedo irán disminuyendo.

Si hay algo que opera siempre aliviando el trayecto es, justamente, encontrar la forma y darse el permiso de sentir y expresar el dolor, la tristeza, la rabia, el miedo por el futuro. Recorrer el camino de punta a punta es condición para encontrarse con uno mismo.

Permítete el llanto, si llega a tus ojos. Te mereces el derecho de llorar todo lo que sientas. Posiblemente sufriste un golpe brutal, la vida te sorprendió, los demás no supieron entender, el otro partió dejándote solo. Nada más pertinente que volver a nuestra vieja capacidad de llorar nuestra pena, de berrear nuestro dolor, de moquear nuestra impotencia. No escondas tu dolor. Comparte lo que te está sucediendo con los que estén más cerca. Quizá no sean tus definitivos compañeros de ruta, pero son aquellos con quienes compartes este tramo. Tu familia, tus amigos, algún desconocido, algún maestro... Llorar es tan exclusivamente humano como reír. El llanto actúa como una válvula liberadora de tensión interna. Podemos hacerlo solos, si ésa es nuestra elección, o con otros que también lloran. Cuando el alma te duele desde dentro, no hay mejor estrategia que llorar.

No te guardes todo por miedo a cansar o molestar. Busca a aquellas personas con las cuales puedas expresarte tal y como estás. Quizá te suene increíble, pero es verdad lo que la gente dice. De a muchos, las penas se dividen y las alegrías se multiplican.

Puede ser que creas que hubiera sido mejor no sentir el dolor o evitarlo con distracciones y ocupaciones, pero, con el tiempo, verás que no era así. Lo más probable es que el dolor, tarde o temprano, salga a la superficie. Mejor es ahora. Acepta que, posiblemente, no seas el mejor tú en estos tiempos y sumérgete en lo que te pasa con todas sus consecuencias. Tu vida será diferente mientras recorres este camino; muy probablemente tendrás que cambiar transitoriamente algunos hábitos; seguramente te sientas vacío; sin ninguna duda cuestionarás tus primeras respuestas a la pregunta de tu identidad...

Permítete sentir lo que sientes, porque este permiso es el primer paso del camino y ningún camino se termina si antes no se comienza a recorrerlo. Podrás aceptar tu dolor si confías en tus recursos para salir adelante. Recuerda que resolviste anteriores situaciones difíciles de tu vida, pero no puedes llorar hoy lo de mañana, ni seguir llorando hoy por lo de ayer. Para hoy es tu llanto de hoy; para mañana, el de mañana.

Si quieres seguir no basta con actuar como si nada hubiera sucedido.

Necesitas dar algunos pasos difíciles para recuperarte y no existen atajos en la búsqueda del ser.

Vivirás momentos duros y emociones muy displacenteras en algunos momentos, te sentirás muy vulnerable y débil.

No te exijas entonces demasiado. Respeta tu propio ritmo y créeme cuando te digo esto: estás en condiciones de afrontar lo que sigue. Si sigues en camino confirmarás pronto que lo peor ya ha pasado.

Confía en ti por encima de todas las dificultades, y si lo haces te garantizo que no te defraudarás. El pensamiento positivo te transformará en tu mejor entrenador.

Anímate a abrir los ojos a las nuevas puertas.

Y, sobre todo, cuando estés frente a ellas anímate a girar el picaporte.

Cada día oímos historias de la gente que ha superado bata-
llas físicas, mentales y emocionales para alcanzar, contra todas
las probabilidades, objetivos impensados. Lee sobre algunos "mi-
lagros médicos" y tendrás una buena idea de lo que hablo. Lee la
vida de Helen Keller y no te quedará ninguna duda.

Aunque atravesar esta situación te parezca la cosa más difícil que has hecho en toda tu vida (aunque lo sea), ahora tienes
que aceptar esta dura realidad: estás en el camino y la dificultad
es parte de él. Siempre es un mal momento para que suceda lo
que uno hubiera querido que nunca pasara.

Y si existe una remota posibilidad de que el obstáculo no sea
definitivo, deberás elegir entre seguir esperando que se termine
o decidir que debes seguir adelante aunque los hechos permitan
una tenue esperanza. Nunca te dañará haber recorrido una parte
del camino si el obstáculo desaparece, pero puede dañarte mucho seguir detenido esperando lo que nunca sucederá.

Dicen que el tiempo lo cura todo pero, cuidado, que el tiempo solo quizá no alcance. Lo que realmente puede ayudar es lo
que cada uno hace con el tiempo.

Es una gran tentación quedarse refugiado en la idea de que,
desde el cielo, una fuerza superior disolverá el problema y se
hará cargo del obstáculo. No tiene nada de malo la creencia religiosa de cada uno, al contrario, muchas personas encuentran
que llevar estos problemas al área de su fe religiosa es una manera tranquilizadora de aligerar la carga que hace que el corazón
les pese. Dios es un excelente aliado, pero cuidado con utilizarlo
para minimizar tu responsabilidad. En todo caso hay que valer-
se de la fe no para pedir que las cosas se resuelvan de la manera que querríamos que resultaran o que el tiempo vuelva atrás y
nunca haya pasado lo que pasó, sino para pedir la fuerza y la sabiduría que nos ayude a aceptar los cambios y ver las opciones.

Para ser quien uno es debe conectarse con la vida todo el

tiempo y a cada paso. Y para eso se debe soltar el pasado. La vida espera siempre llena de nuevas posibilidades.

Una adolescente escribió a su madre después de perder a su padre: "Me doy cuenta de que mis amigos también necesitan de mi amor y yo del de ellos, y eso no significa que ya no recuerde o no siga amando a mi papá".

En todo momento, pero muy especialmente en los más difíciles, es necesario valorar las cosas buenas que seguimos encontrando en nuestra vida, algunos vínculos que permanecen (familiares, amigos, pareja, sacerdote, terapeutas), aceptadores incólumes de mi confusión o de mi dolor o de mis dudas o de mis desplantes.

Cuando creas que tienes un problema no te niegues el permiso de reír con los amigos, de hacer bromas, de distraerte. Recuerda que los malos momentos vienen por sí solos, pero es voluntaria la construcción de los buenos.

No es lo mismo escapar de lo que no me gusta que descansar y reponer energías para volver a enfrentarlo.

¿Recuerdas la alegoría del carruaje? En los momentos más difíciles no descuides demasiado el cuerpo.

Si hace falta, ponte un horario y síguelo. Aliméntate bien y no abuses del tabaco, del alcohol ni de los medicamentos. Si alguna vez pensaste que te tentaba experimentar con alguna droga, de las legales o de las otras, éste es el peor momento para hacerlo.

No te maltrates. No te apures. No tomes decisiones importantes si no son urgentes. Decisiones como vender la casa, dejar el trabajo o mudarse a otro lugar aparecen como muy tentadoras en los primeros tramos de un gran revés. Calma. Éstas son decisiones trascendentes que se deben tomar en momentos de suma claridad y no mientras nos inunda un cierto grado de confusión inevitable. La mayor parte de las veces nada se pierde y hasta es preferible dejar este tipo de temas para un poco más adelante.

Con el mismo razonamiento, sobre todo en la cresta de la ola oscura, no parece conveniente iniciar una nueva pareja, decidir un embarazo, acelerar un casamiento.

Hay urgencias que no se pueden postergar, pero conviene respetar la norma de no cruzar los puentes antes de llegar a ellos.

Respeta tus formas, tus tiempos y tus espacios. Jamás te persigas creyendo que ya deberías sentirte mejor. Tus tiempos son tuyos. Recuerda que tu peor enemigo es no quererte.

Y tampoco maltrates a los otros. Ignora los intentos de algunas personas de decirte cómo tienes que sentirte y por cuánto tiempo; no todos comprenden lo que estás viviendo. Amorosamente intentarán que te olvides de tu dolor, que dejes de preocuparte, que no pienses más en tus problemas. Lo hacen con buenas intenciones, para "no verte mal"; no seas exigente con ellos... Pero no te ocupes de complacerlos. Más bien apártate un poco gentilmente y busca a quienes puedan permitirte "estar mal" cuando lo sientas así.

Y, sobre todo, cuando te sientas mejor, no intentes olvidar lo que pasó; al contrario, recuerda. Sin morbosidad, pero sin escapismos.

Tú, yo y todos somos lo que somos gracias a aquello que hoy no está, y el tiempo encontrará para lo vivido el lugar que merece entre los tesoros de nuestro corazón. Y podremos pensar en ello sin sentir ya ese latigazo de dolor. Y quizá hasta consigamos darle un sentido más trascendente a todo lo penado. Será un encuentro con un "yo mismo" enriquecido por aquello que hoy ya no tengo, por lo que pasó y por la experiencia vivida en el proceso, aunque esto sea difícil de aceptar.

> Es horrible admitir que cada dificultad conlleva
> una ganancia; que cada dolor frente a una pérdida
> terminará, necesariamente, con un rédito para mí.
> Y, sin embargo, es así. No hay frustración que no me
> obligue a madurar. No hay una dificultad que no redunde
> necesariamente en un crecimiento personal.

Un problema, una dificultad, un obstáculo, un dolor, siempre significan un aprendizaje, un vivir de otra forma; un aprender a tomar nuevas decisiones, a desempeñar tareas que antes hacían otros, a establecer nuevas formas de relación con el mundo, a vivir con algo menos, quizá sin una capacidad que he perdido.

La experiencia es, muchas veces, un maestro muy cruel.

Empieza a cada paso tu vida de nuevo. No otra vez.

Eso te permitirá, después, compartir lo aprendido. Hablarle a alguien más de tu experiencia. Contar lo que aprendiste en tu experiencia es la mejor ayuda para sanar a otros, haciéndoles más fácil su propio recorrido e, increíblemente, facilita tu propio rumbo.

7. SER PERSONA

Un 11 de octubre, hace ya treinta años, Osho, el maestro, recibía a los recién llegados a su *ashram* con las siguientes palabras:

Saludo al Buda que hay en ti. Puede que no seas consciente de ello, puede que ni siquiera lo hayas soñado, pero eres perfecto y nadie puede ser otra cosa. El estado de Buda es el centro exacto de tu ser, no es algo que tiene que suceder en el futuro, ya ha sucedido. Pero estás profundamente dormido, no sabes quién eres. No es que tengas que convertirte en alguien, únicamente tienes que reconocerlo, tienes que volver a tu propia fuente, tienes que mirar dentro de ti mismo. Permite que tu corazón sepa que eres perfecto. Ya sé que puede parecer presuntuoso, puede parecer muy hipotético, no puedes confiar en ello totalmente. Es natural. Lo comprendo. Pero permite que esta idea se deposite en ti como una semilla, y en torno a ese hecho comenzarán a suceder muchas cosas, y podrás comprender algunas otras. Con esta visión en la mente: que eres perfecto, que eres un Buda floreciendo, nada falta, todo está listo, sólo hay que poner las cosas en el orden correcto. Lo único que necesitas es un poco más de conciencia... El tesoro está ahí, tienes que traer una pequeña lámpara contigo. Una vez que la oscuridad desaparezca, dejarás de ser un mendigo, serás un Buda. Serás un soberano, un emperador. Todo el reino es para ti, sólo tienes que reclamarlo. Pero claro, no puedes reclamarlo si crees que eres un mendigo. No puedes reclamarlo, no puedes ni siquiera soñar con reclamarlo, si te sientes un mendigo. Esta idea de que eres un mendigo, de que eres ignorante, de que eres un pecador, ha sido predicada desde tantos púlpitos a través de los tiempos, que se ha convertido en una profunda hipnosis en ti. Esta hipnosis debe ser desbaratada. Y es justamente para romperla que comienzo con este saludo: Saludo al Buda que hay en ti.

Quizá, como sugiere Osho, lo único necesario sea despertar. Darnos cuenta de la realidad de lo que somos, de lo que podemos y de lo que tenemos.

Y concedernos, en todo caso, los permisos que equivocadamente mendigamos a otros, como sugiere Osho, o que esperamos que se nos concedan, como cuando éramos niños.

Empezando por el permiso máximo, el de ser quienes somos, sin siquiera intentar parecernos a lo que los demás quieren, les conviene o les gustaría que fuéramos.

Vendrá por añadidura defender nuestro derecho de sentir las cosas buenas y malas, según el mandato de nuestro corazón y no como los hábitos o las buenas costumbres señalan que "cualquiera" sentiría en nuestro lugar.

Es obvio que podemos pensar lo que se nos ocurra. Nadie puede impedirlo. Pero esto no es suficiente. Es necesario que me sienta libre de decirlo en voz alta, sin esconderme, sin bajar la voz, sin bajar la cabeza.

Y es necesario, también, que me permita callarme lo que pienso y siento si así lo quiero, me conviene o lo decido.

Estas libertades esenciales (como las llamaría Virginia Satir) me permitirán decidir el lugar del mundo donde quiero estar, la manera en la que quiero ganarme mi alimento y la distancia o la cercanía que quiero tener con los demás.

Me permitirán, también, darme cuenta de que puedo y debo correr los riesgos que yo decida correr y que puedo y debo pagar los precios de los riesgos que corro, haciéndome responsable de los resultados, buenos y malos.

Solamente así comprenderé la importancia de asumir el verdadero y definitivo compromiso con mi existencia. Que me permita salir al mundo a buscar lo que yo creo que necesito sin esperar que nadie me dé su aprobación para desearlo ni su permiso para obtenerlo.

Es probable que a muchos no les guste que yo me vuelva más y más este que soy. Es posible que cuando otros descubran la libertad que me doy de serlo se enojen conmigo. Es seguro que muchos decidirán alejarse de mí, creyendo que soy raro o quizá peligroso. Pero si no empezamos por darnos este permiso, no habrá despertar, ni camino, ni felicidad auténtica. Nos quedaremos siendo individuos parecidos a muchos otros que se asustan de sentirse a veces diferentes y se quedan entonces obedientes, asociados de por vida al club de los que no se dan el derecho de ser quienes son.

Las consecuencias de esforzarse por pertenecer al club de las mayorías renunciando a la propia autenticidad son muchas y, en ocasiones, pueden llegar a ser dramáticas.

Una adolescente se da cuenta de que necesita parecerse a los otros para ser aceptada. Quizá esto la lleve a creer que debe ser delgadita, alta y espigada como las modelos. Quizá crea que no debe crecer. Hasta puede que decida, al ver la televisión o mirando las fotos de las revistas, que si pesa más de cuarenta y cinco kilos y cierta ropa no le entra o si algunos huesos no le sobresalen de la piel, entonces ya no es una persona.

Éste es un ejemplo brutal y terrible de lo que les sucede a muchas y muchos adolescentes que vemos todos los días, a veces en la televisión, a veces en los diarios y a veces en las notas necrológicas, víctimas de la anorexia, del alcohol, de la drogodependencia, de la delincuencia.

Sin darme cuenta de que tengo la libertad de ser quien soy, quizá piense que ni siquiera tengo la libertad de ser.

En la turbulenta época de la adolescencia, esta conclusión podría llevar a algunos, como ha llevado a muchos, a actitudes sin retorno.

La sociedad siempre pretende legislar sobre las "pequeñas renuncias" que "se deben" asumir para conseguir parecerse a los modelos aceptados y lograr así "pertenecer". Perdidos en este camino, algunos terminan viviendo en el esfuerzo de ser lo que no son, obligándose a estar donde no quieren estar, haciendo gran parte del día lo que no disfrutan ni desean hacer.

Lo hacen porque se creen débiles y piensan que estar bajo el ala de alguien más calificado los protegerá.

O para poder echarle la culpa a los demás de sus fracasos.

O porque todavía creen que tienen que pedir permiso para ser quienes son.

Podríamos pensar que están enfermos o, quizá, que se autoengañan, o tal vez que les falta coraje... Pero, en general, no es nada de eso. Es un tema de evolución. Por oprimidos, por inseguros, por reprimidos o por ignorantes, lo cierto es que aún no han llegado a ser personas maduras.

No es ninguna acusación; ser persona no es obligatorio. Madurar, tampoco.

Persona madura, para mí, se llama a la persona de verdad.

Un hombre o una mujer inmaduros y dependientes todavía no han terminado su proceso de convertirse en personas.

Y esto no es una acusación, repito, porque el proceso de convertirse en uno mismo nunca termina. Quizá el día en que uno se muere, aunque tampoco estoy muy seguro. Hasta entonces uno puede seguir creciendo y ser cada vez más consciente de sí mismo. Es decir, sabiendo con certeza quién es cada uno y quién no es.

Vivo y aprendo, vivo y maduro, vivo y crezco.

Te cuento una historia que siempre me contaba mi madre y que, de muchas formas, ha dado origen a estas ideas:

Cuentan que una tarde, un rey que amaba las plantas y las flores, al regresar de un largo viaje, decidió caminar un poco por su jardín. Recordaba que había dejado instrucciones precisas a los jardineros para el cuidado de cada planta. Sin embargo, descubrió con tristeza que sus árboles, arbustos y flores, muchos de los cuales había plantado él mismo con mucho trabajo, se estaban muriendo.

Con angustia, les preguntó qué les pasaba.

El Roble le dijo que se moría porque no podía ser tan alto como el Pino. El Pino agonizaba lamentándose de no dar uvas como la Vid. En la pérgola, la Vid se moría de rabia porque no podía florecer como la Rosa; mientras, la Rosa lloraba por no poder ser fuerte como el Roble.

También el rey sintió que tenía ganas de llorar.

Entonces, en el rincón más lejano del jardín, vio un montón

de flores creciendo, de todos los colores y rebosantes de salud y energía.

El rey se acercó y encontró a las Fresias floreciendo más frescas que nunca.

El rey preguntó:

—¿Cómo es que crecéis tan saludables, alejadas de la fuente y posiblemente olvidadas de los cuidados de mis jardineros?

Las flores contestaron:

—¡Quién sabe! Nosotras siempre supusimos que cuando nos plantaste, querías que fuéramos Fresias. Si hubieras querido un Roble o una Rosa, habrías plantado aquí una Rosa o un Roble. En aquel momento supimos que nuestra manera de agradecerte la vida era ser las mejores Fresias que pudiéramos llegar a ser... Y eso hicimos.

Ahora es tu turno. Estás aquí para contribuir con tu fragancia al mundo en el que has nacido.

Simplemente, mírate a ti mismo.

Sé quien eres y sé consciente de ello.

No hay posibilidad de que seas otra persona.

Puedes disfrutar de ello y florecer regado con tu propio amor o puedes marchitarte en tu propia condena, tratando de ser otra cosa.

Tú decides.

LA SEGUNDA PREGUNTA: ¿ADÓNDE VOY?

8. EL PROPÓSITO

*Dicen que una noche, cuando el maestro Andrés
Segovia salía de un concierto, alguien se acercó
y le dijo:*
—Maestro, daría mi vida por tocar como usted.
Andrés Segovia respondió:
—Ése es exactamente el precio que yo pagué.

La realización personal puede alcanzarse prácticamente en cualquier circunstancia, siempre y cuando creamos que nuestra vida tiene sentido y propósito y que somos capaces de avanzar en esa dirección.

En lo cotidiano y durante muchísimos años, el tema del rumbo final, el destino último o el sentido de la vida, parecieron quedar relegados a las frases impresas en los señaladores de libros, a los culebrones televisivos y a los melosos discursos de los vendedores de ilusiones esotéricas o seudorreligiosas.

Fue Viktor Frankl, el creador de la logoterapia, quien por primera vez puso con claridad el acento en estos hechos fundamentales.

Los relatos de la brutalidad que él mismo sufrió en los campos de exterminio nazi y el metódico registro de todo lo que, como prisionero, le tocaba padecer y compartir, mostraron al mundo de la manera más dura posible cuánto la gente necesita un propósito para mantener la vida, cómo en situaciones extremas la supervivencia se relaciona directamente con la voluntad de vivir.

Para el doctor Frankl esto fue mucho más que un mero descubrimiento. Durante el cautiverio, él mismo decidió encarar su espantosa realidad aplicando para sí mismo sus propias teorías. Así, cambiaba la mitad del poco pan que recibía por una sábana o una camisa rota donde seguir con las anotaciones sobre su investigación. Frankl había decidido que todos tenían que saber lo que allí ocurría y lo que en medio de ese calvario él había descubierto. Ése era su propósito. El propósito que, según él, lo mantuvo vivo.

No es difícil concluir que si la necesidad de un sentido y un propósito es indispensable para tan sólo sobrevivir, cuán importante será para poder disfrutar de una vida plena y realizada.

¿Adónde voy? Descubrir o elegir

Tradicionalmente se dice que hay dos tipos de arte. El de agregar y el de quitar. En la pintura por ejemplo uno va poniendo forma y eligiendo colores que volcará sobre la tela blanca para construir la belleza de la obra. En la escultura, en cambio, la obra ya está en el bloque de piedra y uno debe descubrirla, quitando la piedra que no permite que la belleza se muestre a los ojos de todos.

A diferencia del "¿quién soy?", esta segunda pregunta no puede contestarse con la sola mirada de un espectador neutral que simplemente permita que la respuesta salga a la luz y lo ilumine. Esta pregunta requiere de cierta cuota de elección y mucha decisión, aun cuando obviamente mis elecciones, para ser mantenidas, deberán estar en línea con lo que desde dentro me impone el hecho de ser quien soy.

Una duda que aparece en casi todos, explícita o no, se refiere al tipo de desafío que supone encontrar el rumbo de la propia vida. ¿Se trata de una búsqueda racional o emocional? Dicho de otra forma: ¿debo preguntar sobre mi destino a mi intelecto o a mi corazón?

Es innegable que, a la hora de elegir, siempre se necesita del concurso de la mente, tanto más si se desea contestar adecuadamente algo tan sustancial como este segundo interrogante. Vivir plenamente exige un grado mínimo de reflexión, la disciplina para superar nuestra natural inclinación a la urgencia hedonista y la sabiduría de interrogarnos y responder sinceramente a la pregunta "¿nos sentimos felices caminando hacia donde nuestros pasos nos llevan, mientras hacemos lo que hacemos?".

Sin embargo, para decepción de los más dotados, vale la pena aclarar que el hecho de que el pensamiento y la inteligencia sean esenciales para comprender su trascendencia no implica, de ninguna manera, que aquellos que gozan de la capacidad intelectual de los genios tengan mejores posibilidades de acertar en la elección de su camino. Así lo demuestra la existencia de algunas personas a las que sabemos muy inteligentes y que confiesan públicamente que no lo han encontrado o que no han sido felices.

En 1975, el más grande de los escritores argentinos, Jorge Luis Borges, publica en su libro *La moneda de hierro* el poema "El remordimiento", escrito tras la muerte de su madre:

He cometido el peor de los pecados
que un hombre puede cometer.
No he sido feliz.
Que los glaciares del olvido
me arrastren y me pierdan despiadados.
Mis padres me engendraron para el juego
arriesgado y hermoso de la vida,
para la tierra, el agua, el aire, el fuego.
Los defraudé. No fui feliz.
Cumplida no fue su joven voluntad.
Mi mente se aplicó a las simétricas porfías
del arte, que entreteje naderías.
Me legaron valor. No fui valiente.
No me abandona, siempre está a mi lado,
la sombra de haber sido un desdichado.

9. RUMBO Y FELICIDAD

Quizá una de las llaves que abre las primeras puertas sea la necesidad de definir previamente la felicidad misma. Contestar con sinceridad a la duda interna de si existe el tan publicitado "ser feliz" o si es una mentira más de nuestra sociedad, una gigantesca zanahoria para alentarnos en el despiadado camino hacia delante.

En lo personal, siempre tuve claro que quería ser feliz y que en el camino de serlo debía ocuparme de conocerme, de darle sentido a lo que hacía y de relacionarme comprometidamente con aquellos que merecían mis afectos y, sin embargo, recuerdo haberme reprochado por admitir abiertamente este deseo en público. Desde mi formación científico-académica, hablar lisa y llanamente de "ser feliz" suponía, por fuerza, caer en odiosos lugares comunes y en grandilocuentes frases obvias excesivamente románticas y superficiales. Para mí, igual que para muchos, era como solicitar la patente de tonto o de hueco y sinónimo de pobreza de espíritu. En lo profesional, durante los últimos diez años pasé la mayor parte de mi vida dictando conferencias sobre la psicología de la vida cotidiana o viajando por el mundo camino a dar esas conferencias. Siempre me permití reflexionar acerca de mi propia vida, sobre mis errores o aciertos, y tuve el coraje de compartir mis conclusiones con los demás. Sin embargo, a la hora de ocuparme de los llamados "problemas existenciales" tanto en mis conferencias o escritos como en mi programa de televisión, constantemente se me aparecían temas que consideraba más serios o urgentes que profundizar en estos planteamientos filosóficos, y siempre terminaba pensando que aquéllos merecían más mi atención y mi tiempo. De alguna manera adentrarme en estos cuestionamientos existenciales parecía exceder lo que, según mi visión esquemática, interesaría a una persona común leer en un libro de divulgación psicológica o escuchar en una charla más o menos informal.

Con el tiempo, me di cuenta de que debía por lo menos ocuparme de transmitir algunas de las cosas que libros y maestros me habían enseñado sobre la búsqueda de la felicidad y del camino, empezando por aprender a distinguir los conceptos que, por elementales, muchas veces pasan inadvertidos y se confunden.

El primero es explicar la diferencia entre la palabra "meta" y la palabra "rumbo".

Para ilustrar la importancia que tiene esta distinción, inventé hace algunos años esta historia, que ninguno de mis pacientes de entonces pudo librarse de escuchar y que intento resumir ahora para rescatar el concepto...

Un señor sale de puerto en su pequeño bote velero a navegar por un par de horas. De repente, una fuerte tormenta lo sorprende y lo lleva descontrolado mar adentro. En medio del temporal, el hombre no ve hacia donde es llevado su barco, sólo atina a arriar las velas, echar el ancla y refugiarse en su camarote hasta que la tormenta amaine un poco.

Cuando el viento se calma, el hombre sale de su refugio y recorre el velero de proa a popa. La nave está entera. No hace agua, el motor se enciende, las velas se hallan intactas, el agua potable no se ha derramado y el timón funciona como nuevo.

El navegante sonríe y levanta la vista con intención de iniciar el retorno a puerto, pero lo único que ve por todos lados es agua.

Se da cuenta de que la tormenta lo ha llevado lejos de la costa y de que está perdido.

Sin instrumental de rastreo ni radio para comunicarse, se asusta y, como les pasa a algunas personas en situaciones desesperadas, se acuerda en ese momento de que él es un hombre educado en la fe. Y entonces, mientras llora, se queja en voz alta diciendo:

—Estoy perdido, estoy perdido... Ayúdame Dios mío, estoy perdido...

En ese momento, aunque parezca mentira, un milagro se produce en esta historia. El cielo se abre, un círculo diáfano aparece entre las nubes, un rayo de sol ilumina el barco, como en las películas, y se escucha una voz profunda (¿Dios?) que dice:

—¿Qué te pasa?

El hombre se arrodilla frente al milagro e implora:

—Estoy perdido, estoy perdido, ilumíname, Señor. ¿Dónde estoy, Señor? ¿Dónde estoy...?

En ese momento, la voz, respondiendo al pedido desesperado, dice:

—Estás a 38 grados latitud sur, 29 grados longitud oeste.

—Gracias, Señor, gracias... —dice el hombre agradeciendo la ayuda divina.

El cielo comienza a cerrarse.

El hombre, después de un silencio, se pone de pie y retoma su queja, otra vez llorando:

—Estoy perdido, estoy perdido...

Acaba de darse cuenta de que saber dónde está uno no alcanza para dejar de estar perdido.

El cielo se abre por segunda vez:

—¿Qué te pasa ahora? —pregunta la voz.

—Es que, en realidad, no me alcanza con saber dónde estoy, lo que yo quiero saber es adónde voy, cuál es mi meta.

—Bien —dice la voz—, eso es fácil, vas de vuelta a Buenos Aires.

Y cuando el cielo comienza a cerrarse otra vez, el hombre reclama:

—No, no... ¡Estoy perdido, Dios mío, estoy perdido, estoy desesperado...!

El cielo se abre por tercera vez:

—¡¿Y ahora qué pasa?!

—No... Es que yo, sabiendo dónde estoy y sabiendo el lugar adónde voy, sigo estando tan perdido como antes, porque en realidad no sé dónde está ubicado el lugar adonde voy.

La voz le responde:

—Buenos Aires está 38 grados...

—¡No, no, no! —interrumpe el hombre—. Estoy perdido, estoy perdido... Ayúdame, Dios mío... Me doy cuenta de que no alcanza con saber dónde estoy y adónde quiero llegar; lo que yo necesito es saber cuál es el camino para llegar desde aquí hasta allí... El camino, por favor, señor, muéstrame el camino...

El hombre sigue llorando. En ese preciso instante, cae desde el cielo un pergamino atado con un lazo. El hombre lo abre y ve que se trata de un mapa marino. Arriba y a la izquierda un puntito rojo que se enciende y se apaga dice: "Usted está aquí". Abajo a la derecha, en un punto azul se lee: "Buenos Aires". Y en un tono fucsia fosforescente, el mapa muestra una ruta. Es, obviamente, el camino a seguir para llegar a destino.

El hombre por fin se pone contento. Se arrodilla, una vez más, y agradece:

—Gracias, Dios mío...

Nuestro improvisado y desgraciado héroe mira el mapa... enciende el motor...

estira las velas...

observa el horizonte en todas direcciones...

Y después de un rato dice:

—¡Estoy perdido, estoy perdido...!

Por supuesto.

Tiene razón.

Pobre hombre, sigue estando perdido.

Mire donde mire, sigue viendo sólo agua y toda la información reunida no le sirve demasiado.

El hombre tiene conciencia de dónde está, sabe cuál es la meta, conoce el camino que une el lugar donde está y la meta donde va, pero no sabe hacia dónde empezar el viaje.

Para dejar de estar perdido, le falta saber la dirección. Le falta saber hacia dónde.

¿Cómo hacen los navegantes para determinar el rumbo? Utilizan una brújula. Porque sin ella, aunque se conozca de memoria el viaje y el camino hacia el puerto de llegada, no se sabe hacia dónde emprender la marcha. Sobre todo después de una tormenta. Sobre todo cuando desaparecen todas las referencias.

En efecto, el rumbo es una cosa, el camino es otra y la meta otra aun diferente.

La meta es el punto de llegada, el camino es la ruta que habría que seguir, el rumbo es la dirección.

Entendiendo la diferencia entre el rumbo y la meta, uno puede darse cuenta de la importancia de esta pregunta que debemos contestarnos: ¿hacia dónde voy?

Sólo si tenemos esa respuesta podremos dejar de estar perdidos.

Sólo si no estamos perdidos conquistaremos la paz interior de aquellos que saben que están en el camino correcto.

Sólo con la certeza de estar en él, podremos sentirnos realizados, dejar de temblar, ser felices.

La felicidad es la tranquilidad de quien sabe con certeza que está en el camino correcto.

No dudo de la importancia que puede tener en algunos momentos visualizar los puertos a los cuales habremos de llegar; no reniego de la conveniencia de saber dónde estamos y de tener un mapa del camino que remplace nuestra falta de experiencia y nos permita evitar algunas turbulencias; sin embargo, insisto: sin dirección no hay camino.

Algunos sostienen que hay otra posibilidad de no perderse. "Si nos mantenemos navegando a doscientos metros de la costa —dicen— con el puerto siempre a la vista, aunque no tengamos brújula, no estamos perdidos. Si eso es lo que uno quiere y sabe cómo obtenerlo, no está perdido."

De alguna manera tienen razón.

Si me conforma limitarme a navegar cerca de la costa, quizá no necesite brújula.

Si me mantengo a la vista del punto de referencia, para qué quiero tanta complicación.

Estando cerca del lugar de donde salió probablemente uno rara vez se sienta perdido.

Y sin embargo...

Acordemos que es una tranquilidad un poco relativa: por un lado, porque debo restringir mi viaje exclusivamente a los alrededores del punto de salida o, como mucho, de otros puertos que estén a la vista.

Por otro lado, además de limitarme, esto me obliga a que cada vez que llegue a puerto y para no quedarme atrapado en el punto de llegada, deberé ocuparme de buscar otra meta, siempre recordando que ese próximo puerto deberá también estar a la vista porque, si no, otra vez podría volver a sentirme perdido.

La estrategia de estar renovando permanentemente mis metas para no sentirme perdido, sumada a la limitación de encontrar objetivos de corto alcance para no perder el rumbo, me parece demasiada carga, por lo menos para mí.

Repito: si ser feliz se relaciona con la sensación de no estar perdido y el precio de creerse feliz es estar obligado a quedarse cerca, me parece demasiado caro para pagarlo.

Yo necesito, y creo que tú también, crecer. Y crecer es expandir las fronteras. Es llegar cada vez más allá.

¿Cómo voy a crecer si vivo limitado a lo conocido por miedo a perderme?

Repito que cada quien puede elegir esta postura, pero no la admito para mí, no la elegiría para mis hijos, no me gusta para mis pacientes, no la quiero para ti.

El tema entonces está, repito, en saber el rumbo.

El tema no está en saber adónde quisiera llegar, no está en cuán cerca estoy, ni en descubrir qué maniobras tengo que hacer para regresar.

Una meta es una pancarta sostenida por dos postes donde dice en letras grandes: LLEGADA.

Un sentido, un rumbo, se representa en cambio por una flecha que apunta en una dirección determinada, como la aguja de una brújula que muestra siempre impertérrita el norte, independientemente de nuestra posición en el mundo.

Cuando conozco el rumbo, ya no necesito evaluar si falta mucho o poco, si voy a llegar o no, ni qué haré después. Aunque desconozca dónde estoy parado y cómo sigue el camino, mientras sepa dónde está mi norte no estoy perdido, aunque no tenga el puerto a la vista, aunque no sepa qué me encontraré en mi próxima parada.

10. OTRA ALEGORÍA DEL CARRUAJE

En la primera parte, cuando nos ocupábamos de la pregunta de ¿quién soy?, utilizamos la parábola del carruaje para ilustrar la esencia de esa búsqueda. ¿Cómo seguiría la historia si la relacionamos con este nuevo desafío?

Viajo cómodo, sentado en mi carruaje.

Delante, el sendero se abre en abanico.

Por lo menos cinco rumbos diferentes se me ofrecen.

Ninguno pretende ser el elegido, sólo están allí.

Un anciano está sentado sobre una piedra, en la encrucijada.

Me animo a preguntar:

—¿En qué dirección, anciano?

—Depende de lo que busques —me contesta sin moverse.

—Quiero ser feliz —le digo.

—Cualquiera de estos caminos te puede llevar en esa dirección.

Me sorprendo:

—Entonces... ¿Da lo mismo?

—No.

—Tú dijiste...

—No. Yo no dije que cualquiera te llevaría; dije que cualquiera puede ser el que te lleve.

—No entiendo.

—Te llevará el que elijas, si lo haces correctamente.

—¿Y cuál es el camino correcto?

El anciano se queda en silencio.

Comprendo que no hay respuesta a mi pregunta.

Decido cambiarla por otras:

—¿Cómo podré elegir con sabiduría? ¿Qué debo hacer para no equivocarme?

Esta vez el anciano contesta:

—No preguntes... No preguntes.

Allí están los caminos.

Sé que es una decisión importante. No puedo equivocarme...

El cochero me habla al oído; propone el sendero de la derecha.

Los caballos parecen querer tomar el escarpado camino de la izquierda.

El carruaje tiende a deslizarse en pendiente, recto hacia el frente.

Y yo, el pasajero, creo que sería mejor tomar el pequeño caminito elevado del costado.

Todos somos uno y, sin embargo, estamos en problemas.

Un instante después, veo cómo, muy despacio, por primera vez con tanta claridad, el cochero, el carruaje y los caballos se funden en mí.

También el anciano deja de ser y se suma, se agregan los caminos recorridos hasta aquí y cada una de las personas que conocí.

No soy nada de eso, pero lo incluyo todo.

Soy yo el que ahora, completo, debe decidir el rumbo.

Me siento en el lugar que ocupaba el anciano y me tomo un tiempo, simplemente el que necesito para decidir.

Sin urgencias.

No quiero adivinar, quiero elegir.

Llueve.

Me doy cuenta de que no me gusta cuando llueve.

Tampoco me gustaría que no lloviera nunca.

Parece que quiero que llueva solamente cuando tengo ganas.

Y sin embargo no estoy muy seguro de querer verdaderamente eso.

Creo que sólo asisto a mi fastidio, como si no fuera mío, como si yo no tuviera nada que ver.

De hecho, no tengo nada que ver con la lluvia.

Pero es mío el fastidio, es mía la no aceptación, soy yo el que está molesto.

¿Es por mojarme?

No.

Estoy molesto porque me molesta la lluvia.

Llueve...

¿Debería apresurarme?

No.

Más adelante también llueve.

Qué importa si las gotas me mojan un poco, importa el camino.

Entonces me doy cuenta...

No importa llegar, importa el camino.

En realidad, nada importa, sólo el camino.

¿Por dónde empezar?

Después de haber respondido a la primera de las preguntas, después de valorar nuestros recursos y aceptar nuestras limitaciones, después de conocer nuestros sueños y asumir el compromiso que nos corresponde con el destino, sólo entonces podremos conscientemente encarar con solvencia el desafío más importante y trascendente, el de elegir un propósito, un sentido para nuestra vida. Sabremos entonces que de esa elección depende en gran medida nuestra posibilidad de llegar a ser felices.

Parece evidente que el propósito de nuestra existencia es buscar la felicidad. Muchos pensadores occidentales han estado de acuerdo con esta afirmación, desde Aristóteles hasta William James.

Pero uno podría preguntarse: una vida basada en la búsqueda de la felicidad personal, ¿no es, por naturaleza, egoísta, egocéntrica y miserable?

Quizá no.

Los que trabajamos con grupos variados de gente comprobamos, una y otra vez, que sucede justamente lo contrario.

Son las personas más desdichadas las que tienden a estar más centradas en sí mismas; las más retraídas, amargas y propensas a la manipulación y al aislamiento, cuando no a la prepotencia.

Las personas que se declaran felices, en cambio, son habitualmente más sociables, más creativas y permisivas. Toleran mejor las frustraciones cotidianas y, como norma, son más afectivas, demostrativas y compasivas con los demás.

En un experimento llevado a cabo en la Universidad Estatal de Nueva York, se pidió a los sujetos que completaran la siguiente frase:

"Me siento contento de no ser..."

Tras haber repetido cinco veces este ejercicio, más de noventa por ciento de los sujetos experimentó un claro aumento de su sensación de satisfacción personal. Y al salir del lugar demostraron tendencias más amables, colaboradoras y solidarias entre sí, incluso con ocasionales desconocidos a los que ayudaron espontáneamente.

Un par de horas después, los investigadores pidieron al grupo que completara la frase siguiente:

"Me hubiera gustado ser..."

Esta vez, el experimento dejó a los sujetos más insatisfechos con sus vidas.

Los expertos en optimizar el rendimiento han realizado miles de estas pruebas y todas parecen confirmar que las personas de buen humor, los individuos que se definen felices y los que se sienten contentos con su vida poseen una voluntad de acercamiento y ayuda mayor con respecto a los demás, un mejor rendimiento y una mayor eficacia en lo que emprenden.

La felicidad produce beneficios, los más obvios inherentes al individuo, muchos más que trascienden a su familia y algunos de efecto prolongado en el conjunto de la sociedad.

La respuesta que hoy le demos a la pregunta "¿adónde voy?" tal vez no sea definitiva; quizá mañana o dentro de un mes o de un año sea totalmente otra. Hace diez años yo pensaba absolutamente diferente.

Lo importante es que, cualquiera que sea la respuesta, es válida en la medida en que quien la enuncie viva en coherencia con ella.

Si tú decidieras, por ejemplo, que vas en búsqueda de momentos gloriosos en tu vida y que vives a la pesca de cosas importantes, uno podría con derecho preguntarte: ¿qué haces entonces perdiendo el tiempo con este libro?

Un poco más en serio, si yo decido que el mayor de mis desafíos es la búsqueda de nuevas maneras de ayudar al prójimo, o decido que quiero sensaciones nuevas, o pretendo encaminarme a ser cantante de ópera, razonablemente tendría que estar buscando las puertas hacia esas posibilidades. ¿Qué hago entonces dedicando doce, catorce o dieciséis horas por día a otras cosas que me importan menos y que me distraen de estas búsquedas?

Lo primero que importa no es acertar el mejor camino, lo primero es aprender a comprometerse.

Porque la felicidad es siempre resultado del mayor de los compromisos que cada uno pueda asumir, consigo y con su entorno, y la autorrealización es su última consecuencia.

De todas formas, dentro de los que creen que la felicidad existe, un amigo psiquiatra se empeña en encontrar tres grupos de personas:

- El grupo de los Románticos Hedonistas (llamados por él los RH positivos), que sostienen que la felicidad consiste en el placer que se siente al lograr lo que uno quiere.
- El grupo de los de Baja Capacidad de Frustración (que él llama BC, en alusión a los productos de bajas calorías), que creen que la felicidad tiene que ver con evitar todo dolor y frustración.

• Y el grupo de los Pilotos de Globos de Ilusión (que denominó los de la PGI, entre los cuales mi amigo me incluye), que viven un poco en el aire y aseguran que la felicidad no tiene casi relación con el afuera, sino con un proceso interior.

Coincido con su diagnóstico de mi persona, pero me quedo pensando si éste es el resultado de un determinado camino o si desde pequeño anduve colgando mi existencia de algunos etéreos globos.

Genética o aprendizaje de vida

Como puede confirmarlo cualquier padre y como cada vez más lo señalan los estudios científicos realizados alrededor del mundo, todos nacemos dotados de ciertos rasgos de personalidad, determinadas características que nos harán distintos de nuestros hermanos criados por nuestros mismos padres y en el mismo entorno.

La antigua medicina hipocrática apostaba por la existencia de cuatro temperamentos congénitos básicos (sanguíneo, colérico, biliar y flemático) y encontraba no sólo rasgos de carácter, sino también correlatos clínicos entre las enfermedades somáticas de los pacientes y su temperamento. Hoy, la bioneuropsicoendocrinología parece confirmar en cada estudio que existe un "nivel base" de bienestar general que varía de individuo en individuo y al que cada uno tiende a regresar más o menos independientemente de las condiciones externas que lo condicionan. Confirma una tendencia al optimismo o al pesimismo determinada genética y biológicamente. Hablaremos más adelante de qué significa y cuánto pesa en nuestras vidas esta actitud, pero ahora quiero que nos metamos un poco más en la raíz de ese optimismo.

Los científicos de la psicología experimental sostienen lo que empíricamente se puede observar: que por lo menos una parte de lo que venimos llamando optimismo esencial está determinado genéticamente. Algunos de nosotros hemos nacido con una personalidad predispuesta hacia el optimismo o la alegría, y otros con una personalidad predispuesta al pesimismo inveterado.

El primer punto de sospecha parece haberse desatado cuando se hizo evidente que los gemelos univitelinos (que comparten la misma dotación genética) tienden no sólo a mostrar el mismo tipo de patología psicológica, sino que también poseen niveles anímicos muy similares, aun en los casos en los que han sido educados separados y más allá de lo que les pase en sus vidas particulares.

Y aunque esto parece estar claro y demostrado, la ciencia no parece resolver el gran enigma, que es, por cierto, bastante más importante para muchos de nosotros: ¿por qué estos dos tipos de personas, pesimistas y optimistas, se enamoran e insisten en casarse siempre con alguien del otro grupo?

A la luz de estos nuevos planteamientos la pregunta clave es: ¿qué se puede hacer para modificar el optimismo y establecerlo en un nivel superior? Porque si por estructural y genético se entiende inamovible, yo podría verme tentado a abandonar toda responsabilidad respecto de mi felicidad y dejarla en manos de la configuración congénita que me "tocó en el reparto". Después de todo, pienso, ya que no tengo la posibilidad de cambiar lo genético, por lo menos puedo usar ese argumento para no tener que decidir qué hago con mi vida a partir de ser quien soy.

Sin embargo, no es así.

> Como siempre, mis tenencias y mis carencias
> determinan cuánto me costará la escalada,
> pero no deciden si llegaré a la cima.

En otras palabras, la exploración y la conciencia de mis tendencias innatas a cierta insatisfacción pueden y deben conducirme a un trabajo más arduo conmigo mismo, en lugar de guiarme a un abandono resignado y quejoso de "mi mala suerte".

La tarea es desarrollar una disciplina interna que me permita transformar mi actitud, empezando por la modificación de mi perspectiva de la vida y por un mejor enfoque acerca del rumbo, del éxito y de la felicidad misma.

Admitir que este recorrido es más sencillo para unos que para otros no invalida que siga siendo un camino para todos.

Si la disposición innata fuera la única explicación de por qué algunas personas son felices a pesar de haberse enfrentado a grandes adversidades y otras son desdichadas pese a haber recibido miles de bendiciones, la psicoterapia, la religión y la filosofía —por no mencionar libros como éste— serían inútiles, porque nuestra felicidad estaría determinada solamente por esa disposición innata. Quedaríamos reducidos a la idea de "has tenido suerte, eres feliz; no la has tenido, te fastidias".

Pero no somos computadoras programadas. Podemos determinar cómo reaccionaremos ante cada acontecimiento; y tomamos esta decisión sobre la base de cientos o miles de factores diferentes en cada momento. Nuestra felicidad depende, en gran medida, de lo que hacemos, y esta reacción, a su vez, está condicionada por nuestra perspectiva, nuestro análisis, nuestra lectura y comprensión de los hechos de los que nos informan nuestros sentidos.

Lo que sostengo es que, más allá de ciertos determinantes genéticos, nuestra posibilidad de ser felices está mucho más relacionada con nuestra filosofía de la vida que con la bioquímica de los neurotransmisores que heredamos.

Pensar en lo hereditario no me desresponsabiliza del resultado, del mismo modo que pensar en la educación que me dieron y sus fallas no me libera del trabajo de construir la vida que quiero y me merezco.

La vida de un adulto sano, como yo la entiendo, implica asumir responsabilidades y comprometerse cada día con uno mismo, con el planeta y con el resto de los que habitan en él. Esto significa, básicamente, un cambio de actitud que empezará a suceder el día en que todos decidamos abandonar la conexión competitiva y mezquina con el mundo para la que todos hemos sido entrenados más o menos brutalmente.

Como dijimos, la vida se evalúa basándose en el recorrido, no en el lugar de llegada.

La vida se mide y se pesa según la manera en que pude disfrutar del camino y no sumando todo lo que he conseguido juntar en el trayecto.

Dice el curita Mamerto Menapace: "Cuando mueras no se te permitirá llevar contigo nada de lo que hayas acumulado, sin embargo podrás llevarte todo lo que diste".

Cuanto tengo, cuanto soy, dónde he llegado, son solamente vanidades, es darle gusto a mamá de ser alguien, de destacarse, de satisfacer a quienes hubieran querido que fuésemos tal o cual cosa.

Y éste no es el camino.

Y debo aprenderlo con urgencia, no sólo para retomar el rumbo correcto sino también y, sobre todo, para hacer saber a mis hijos que su camino es de ellos y que no deben vivir para darme gusto a mí.

—Yo —decía mi tía, cada vez que se quería burlar de ella misma— lo único que pretendo es que mis hijos sean inteligentes, fantásticos, lindos, divertidos, honestos y millonarios... Nada más... Después, que hagan lo que quieran.

Luego, casi siempre citaba la frase favorita de su padre (mi abuelo paterno): "Es mil veces mejor ser rico y sano que pobre y enfermo".

Si apuntamos únicamente al resultado, no obtendremos casi nada... Sólo (quizá) resultados, y muchos de ellos irán directos al escaparate de las vanidades, pero de nada servirán para la trascendencia.

Evaluando sólo resultados se puede arribar únicamente a falsas conclusiones que ayuden a malinterpretar la realidad.

Les cuento una historia un poco irreverente que alguna vez me contó un sacerdote amigo.

Había una vez, en un pueblo, dos hombres que se llamaban Joaquín González. Uno era sacerdote de la parroquia y el otro taxista. Quiere el destino que los dos mueran el mismo día.

Entonces llegan al cielo, donde los espera san Pedro.

—¿Tu nombre? —pregunta san Pedro al primero.

—Joaquín González.

—¿El sacerdote?

—No, no, el taxista.

San Pedro consulta su planilla y dice:

—Bien, te has ganado el paraíso. Te corresponden estas túnicas labradas con hilos de oro y esta vara de platino con incrustaciones de rubíes. Puedes entrar...

—Gracias, gracias... —dice el taxista.

Pasan dos o tres personas más, hasta que le toca el turno al otro.

—¿Tu nombre?

—Joaquín González.

—El sacerdote...

—Sí.

—Muy bien, hijo mío. Te has ganado el paraíso. Te corresponde esta bata de lino y esta vara de roble con incrustaciones de granito.

El sacerdote dice:

—Perdón, no es por desmerecer, pero debe haber un error. ¡Yo soy Joaquín González, el sacerdote!

—Sí, hijo mío, te has ganado el paraíso, te corresponde la bata de lino...

—¡No, no puede ser! Yo conozco al otro señor, era un taxista, vivía en mi pueblo, ¡era un desastre como taxista! Se subía a las banquetas, chocaba todos los días, una vez se estrelló contra una casa, conducía muy mal, arrasaba los postes de alumbrado, se llevaba todo por delante... Y yo me pasé setenta y cinco años de mi vida predicando todos los domingos en la parroquia, ¿cómo puede ser que a él le den la túnica con hilos de oro y la vara de platino, y a mí, esto? ¡Debe haber un error!

—No, no es ningún error —afirma san Pedro—. Lo que sucede es que aquí, en el cielo, nosotros nos hemos acostumbrado a hacer evaluaciones como las que hacen ustedes en la vida terrenal.

—¿Cómo? No entiendo...

—Claro... Ahora nos manejamos por resultados... Mira, te lo voy a explicar en tu caso y lo entenderás enseguida: durante los últimos veinticinco años, cada vez que tú predicabas, la gente dormía; pero cada vez que él conducía, la gente rezaba. ¡¡Resultados!! ¿Entiendes ahora?

Evaluar la vida a partir de resultados es una postura demasiado menor como para tomársela en serio.

Privilegiando el resultado puedo, con suerte, conquistar momentos de gloria; privilegiando en cambio el proyecto y el camino, ¡puedo canjear esos momentos de esplendor por ser feliz!

El sentido marca la dirección.

Y una dirección es mucho más que un resultado.

11. ¿HACIA DÓNDE VOY? CONFUSIONES Y RUMBOS EQUIVOCADOS

El éxito como objetivo

Existe una gran tentación en la que el común de la gente (es decir casi todos nosotros) suele caer: la de comparar la propia vida, sobre todo en sus aspectos más rutinarios y aburridos, con la que nos cuentan o imaginamos que disfrutan los ricos y famosos, aquellos que las revistas llaman "los que se codean con el éxito".

Un buen trabajo de investigación es el de hablar con algunos de los que han logrado grandes éxitos y preguntarles, muy privadamente, si son felices. Yo tuve oportunidad de hacerlo y lo hice, y conozco otros que también se tomaron el mismo trabajo. Los hallazgos son siempre coincidentes.

Los que dicen que son felices (pocos dicen ser "muy felices") siempre refieren que ya lo eran antes de obtener el éxito; y quienes eran desdichados antes de ser exitosos, continúan siéndolo después o se declaran más infelices que antes.

En ambos suceden cosas llamativas. Casi todos los que están entre los primeros viven el éxito como una amenaza para su felicidad futura y no como una garantía.

La mayoría de los que están en el segundo grupo siguen creyendo que el éxito les traerá la felicidad y, como no son felices, dedican más y más tiempo a tratar de conseguir mayores éxitos, distrayéndose de aquellas cosas que quizá les permitirían vivir mejor.

Si esto es así, ¿de dónde proceden todas nuestras fantasías sobre el éxito?

Muchos de los pacientes que he atendido perseguían el éxito porque habían sido condicionados por sus padres que, sin darse cuenta o ex profeso, sólo les demostraban amor cuando, de alguna manera, eran exitosos. Aprendieron, pues, a buscar el éxito para poder sentirse amados.

Para otros, el éxito profesional actúa como disparador natural del aplauso de los demás y se han vuelto adictos a esta valoración. Instaurada la dependencia, la droga del reconocimiento o la admiración de los demás es buscada en dosis cada vez mayores para calmar el dolor del silencio o conjurar el temor enfermizo a la crítica.

Los varones en particular hemos recibido el mandato del éxito profesional y material, con la convicción de que eso es lo que más atrae a las mujeres. Muchas mujeres, por su parte, han sido condicionadas para que su felicidad dependa de sentirse bellas y deseadas.

Tal es la fuerza motivacional de la atracción entre los sexos.

Engañados o ignorantes, algunos hemos vivido largos periodos de nuestra vida persiguiendo las trompetas de la gloria, creyendo firmemente que, sin un mínimo de éxito, no hay felicidad posible.

La consecuencia es esperable. Sufrimos y nos frustramos, infelices, cada vez que debemos enfrentarnos con algún fracaso por pequeño e intrascendente que sea.

La salida de esta confusión sólo puede darse si somos capaces de encontrar una fuente de valor que no aparezca ligada al éxito ni al aplauso. Es decir, si entre todos somos capaces de diseñar una manera diferente de relacionarnos, que no obligue a nadie a tener que demostrar que puede llegar más lejos, saltar más alto o tener más que otros para ser reconocido. Si somos capaces de fabricar a nuestro alrededor una red de contención y serenidad que permanezca incólume frente a los problemas, las frustraciones cotidianas y los cambios de estado de ánimo; si desarrollamos vínculos entre pares que se saben tales simplemente por pertenecer a la comunidad humana. El espejismo del éxito se desvanece al darnos cuenta de que esa pertenencia conlleva conciencia de unidad y respeto incondicional de todos, por lo que cada uno es y no por lo que tiene o por cuan lejos ha llegado.

Desde esa perspectiva, nos resultará más fácil no desesperarnos cuando algo "no sale", porque sabremos que merecemos el reconocimiento, el respeto y la consideración de los demás por el simple hecho de ser uno entre todos.

No quepa duda de que este descubrimiento cancelaría, por sí solo y para siempre, uno de nuestros más primitivos y ancestrales temores: el miedo a ser abandonados.

Estoy seguro de que enseñar esta conducta no competitiva a nuestros hijos desde el primer contacto, desde la familia, la escuela y la universidad, tendría un efecto muy profundo y trascendente. Los haría y nos haría más receptivos, más comprensivos, más solidarios, más abiertos a la alegría de vivir.

La persecución del placer instantáneo

A menudo, la gente suele identificar ser feliz con estar disfrutando de lo que sucede.

Al pedirle, por ejemplo, que imagine una escena con gente feliz, la mayoría evoca de inmediato la imagen de personas riendo, jugando o bebiendo en una fiesta. Pocos imaginan a una pareja criando a un hijo, a un matrimonio que cumple cincuenta años de casados, a alguien que lee un libro o a personas haciendo con serenidad cosas trascendentes. A todos se nos escapa automáticamente un "soy tan feliz…" el día que todo ha salido como pensábamos o cada vez que nos ocurre algo muy divertido.

Y, sin embargo, "pasarla bien" no crea felicidad, porque —como sucede con toda diversión— el placer que produce termina cuando se acaba el entretenimiento y, en ese mismo instante, todas las personas que llegaron perdidas y desdichadas vuelven a sentirse sin rumbo e infelices.

Al igual que los exitistas, algunos de ellos se vuelven dependientes de la búsqueda de placer y concluyen que si no son del todo felices es porque les falta disfrutar de algunos placeres todavía y su hedonismo se convierte en una forma de escape.

No es necesario aclarar que esto conspira contra la felicidad en lugar de acercarla. Es esta confusión de placer instantáneo con felicidad lo que motiva que muchos hombres y mujeres sostengan con convicción que, como no se puede estar siempre gozando de lo que sucede, la felicidad no existe más que en fugaces momentos placenteros.

Las comidas deliciosas pueden ser una gran fuente de placer para los que amamos la buena mesa y, sin embargo, si hacemos pasar nuestra capacidad de goce exclusivamente por el paladar, tarde o temprano los viejos placeres gastronómicos se volverán una fuente de desdicha y no de felicidad.

Y ya que estamos hablando de gastronomía, imaginemos un nutritivo plato elaborado según las reglas tradicionales de la mejor cultura culinaria, como metáfora de nuestras necesidades básicas.

Los nutrientes representan nuestras ocupaciones diarias y los condimentos equivalen a la diversión o el placer.

Si bien para muchos es cierto que la comida sin condimentos hace del comer un trabajo más, nadie ignora que no podríamos alimentarnos únicamente de especias; no sólo porque los nutrientes que contiene la comida son imprescindibles para vivir, sino porque, en realidad, el condimento no sirve más que para realzar el sabor de lo que es condimentado. Esto es un complemento de aquello y de nada sirve si no vienen juntos.

También están quienes han sido educados para escapar del placer de vivir las cosas. Muchos de ellos asocian el placer de la comida con el pecado o la enfermedad. Seguramente en algunos aspectos habiten cuerpos más sanos que el mío, aunque algunos jamás disfrutarán de una buena cena. Como me dijo una vez mi amigo Quique, después de una noche de botanas, en mi querida Granada: "No se viven más años comiendo alimentos macrobióticos y sin sal, lo que sucede es que la vida se te hace más larga".

El intento de escapar del dolor

Muchas personas durante un tiempo y unas pocas durante toda su vida "aterrizan" en la creencia de que el sentido de sus vidas consiste en mantenerse lo más alejados posible de todo lo que les cause pena, problemas o dolor.

La premisa es obviamente consecuencia "lógica" del siguiente razonamiento falaz:

Si lo gozoso y disfrutable nos lleva a la felicidad, el dolor conduce a la desdicha.

Es fácil entenderlo, pero no es así.

La mayor parte de las veces estas personas terminan esquivando situaciones importantes, intensas o trascendentes que, de haberlas vivido, hubiesen formado parte indisoluble de su camino a ser más felices.

Son, en general, personas educadas por sus padres para que intenten construir una vida libre de dolor.

Hombres y mujeres que equivocadamente trabajarán arduamente para alejar a sus hijos de cualquier herida, sin darse cuenta de que así los alejarán también de toda posibilidad de aprender a manejar su frustración.

No pretendo ser ejemplo de nadie, pero he aprendido, con los años, con la vida, con la profesión y luego otra vez con "los más años", que es fundamental no pretender escapar de la pena. Todos deberíamos tener el coraje de enseñar y la madurez de aprender que parte del camino que lleva a la felicidad implica, necesariamente, algún dolor.

No hay ningún rumbo saludable que se pueda descubrir escapando de la pena, mucho menos tratando de huir hacia un pasado más placentero y calmo.

El dolor es siempre un maestro que está allí para enseñarnos algo. El dolor de fuera y el de dentro: el de tu cuerpo, que te avisa de que algo está funcionando mal, y el de dentro, que te avisa que estás yendo por un camino equivocado.

El dolor es una de las formas en que la vida nos enseña dónde está el amor y la mejor manera de enterarnos de que somos vulnerables, pero no frágiles; por lo menos no tan frágiles como para creer que no podríamos soportar un dolor.

Cuenta Osho que...

En tiempos de Buda, murió el único hijo de una mujer llamada Kisagotami.

Incapaz de soportar siquiera la idea de no volver a verlo, la mujer dejó el cadáver de su hijo en su cama y, durante muchos días, lloró y lloró implorando a los dioses que le permitieran morir a su vez.

Como no encontraba consuelo, empezó a correr de una persona a otra en busca de una medicina que la ayudara a seguir viviendo sin su hijo o, de lo contrario, a morir como él.

Le dijeron que Buda la tenía.

Kisagotami fue a ver a Buda, le rindió homenaje y preguntó:

—¿Puedes preparar una medicina que me sane este dolor o me mate para no sentirlo?

—Conozco esa medicina —contestó Buda—, pero para prepararla necesito ciertos ingredientes.

—¿Qué ingredientes? —preguntó la mujer.

—El más importante es un vaso de vino casero —dijo Buda.

—Ya mismo lo traigo —dijo Kisagotami.

Pero antes de que se marchase, Buda añadió:

—Necesito que el vino provenga de un hogar donde no haya muerto ningún niño, cónyuge, padre o sirviente.

La mujer asintió y, sin perder tiempo, recorrió el pueblo, casa por casa, pidiendo el vino. Sin embargo, en cada una de las casas que visitó sucedió lo mismo. Todos estaban dispuestos a regalarle el vino, pero al preguntar si había muerto alguien, ella encontró que todos los hogares habían sido visitados por la muerte. En una vivienda había muerto una hija; en otra, un sirviente; en otras, el marido o uno de los padres.

Kisagotami no pudo hallar un hogar donde no se hubiera experimentado el sufrimiento de la muerte.

Al darse cuenta de que no estaba sola en su dolor, la madre se desprendió del cuerpo sin vida de su hijo y fue a ver a Buda. Se arrodilló frente a él y le dijo:

—Gracias... Comprendí.

Los problemas son parte de nuestra vida.

Los problemas, por sí solos, no provocan el sufrimiento. Quizá sí tristeza, pero no sufrimiento.

Sabiendo adónde vamos, lograremos abordar las dificultades con decisión y compromiso. Si conseguimos centrar nuestra energía en seguir el rumbo, aunque no encontremos de inmediato una solución, el problema se transformará en un desafío y sólo por eso dejará de ser una carga. Ese simple cambio de significado es en sí un avance.

Solemos quejarnos diciendo: "¡No es justo!".

Pero es un autoengaño... ¿De dónde sacamos nosotros que lo natural es la justicia?

De hecho, no lo es.

No es justo que los ríos se desborden y arrasen construcciones hermosas.

No es justo que las erupciones volcánicas sieguen cientos de vidas.

No es justo que un incendio forestal termine con la existencia de miles de árboles y animales.

No obstante, si nos quedamos en el pensamiento o en la queja de lo que es justo o injusto, no avanzamos, añadimos un ingrediente de malestar y de distracción. Nos perdemos cada vez más y pasamos a tener dos problemas en lugar de uno: la injusticia y la idea de que el universo no debería ser injusto.

El sentimiento puramente vindicativo frente a la injusticia nos priva de la energía necesaria para solucionar el problema original.

Si en un momento te toca sufrir, no te asustes, no te escapes, no te rindas. Puede ser que la realidad te haga retroceder, pero, de todas maneras, lo importante, acuérdate, es estar en camino, no llegar a algún lugar.

12. RENDIRSE, JAMÁS

Cada uno de nosotros contiene a la persona que es y que está orgullosa de ser.

Que conoce lo que puede. Y que también conoce —sobre todo conoce, digo yo— lo que no puede.

Parece la tarea de un superhéroe, pero no lo es. La heroicidad de lo cotidiano es no avergonzarnos nunca de no saber, de no poder o de no querer.

Como dijimos, el desafío no es ser otro. El desafío es ser consciente de quién uno es y ser uno mismo.

La felicidad, cualquiera que sea nuestra definición, tiene que ver con una postura de compromiso incondicional con la propia vida: lo que soy y el sentido que le doy a mi existencia.

Un compromiso con la búsqueda única, personal e intransferible del propio camino. Tan personal como el encuentro con el propio ser y tan intransferible como la felicidad misma.

En 1943, un poeta popular de Buenos Aires, Enrique Santos Discépolo, escribió este poema, al que algunos años después un gran compositor, Mariano Mores, agregó música hasta transformarlo en el famosísimo tango "Uno".

En un fragmento del texto, el poeta dice:

> Uno busca lleno de esperanzas
> el camino que los sueños
> prometieron a sus ansias.
> Sabe que la lucha
> es cruel y es mucha
> pero sufre y se desangra
> por la fe que lo empecina...

Como dice Discépolo, de eso trata en gran medida el "ser o no ser" de cada uno: poder contestar y contestarnos qué hicimos con nuestros sueños. Una antesala necesaria para el otro ser o no ser. El ser, o no, felices.

En efecto, nuestra vida está llena de sueños,
sueños propios y sueños prestados,
sueños humildes y sueños de grandezas,
sueños impuestos y sueños olvidados,
sueños horribles y sueños encantadores.

Y es que soñar, soñamos todos... Pero una cosa es soñar y otra es darse cuenta de lo que hacemos con nuestros sueños.

Porque, siguiendo al tango, no podemos menos que asumir que nuestra repetida pregunta "¿adónde voy?" significa también la búsqueda de otras respuestas...

¿Qué hicimos, qué hacemos y qué haremos con esa búsqueda

llena de esperanzas que los sueños —ellos— prometieron, para bien y para mal, a nuestras ansias?

Los sueños como visión de algo aún inexistente, que nos parece atractivo, deseable y cargado de cierta energía que nos pide que lo hagamos realidad.

Nada más y nada menos.

Si dejo que el sueño me fascine, si empiezo a pensar "qué lindo sería", ese sueño puede transformarse en una fantasía. Ya no es el sueño que aparece mientras duermo.

La fantasía es el sueño que sueño despierto; el sueño del que soy consciente, el que puedo evocar, pensar y hasta compartir.

"Qué lindo sería" es el símbolo de que el sueño se ha vuelto algo más cercano.

Si ahora me permito probarme esa fantasía, si me la calzo como si fuese una chaqueta y veo qué tal me queda, si me miro en el espejo interno para ver cómo me va y demás, entonces la fantasía puede volverse una ilusión.

Una ilusión es bastante más que una fantasía, porque ya no la pienso en términos de que sería lindo, sino de "cómo me gustaría". Porque ahora, después de probarla en mí, es un poco mía.

Ilusionarse es eso, adueñarse de una fantasía. Hacer propia la imagen soñada.

Pero la ilusión es sólo una semilla. Si la riego, si la cuido, si la hago crecer, quizá se transforme en deseo.

Y eso es mucho más que una ilusión, porque el "qué lindo sería" se ha vuelto un "yo quiero".

Cuando llego al deseo, son otras muchas las cosas que me suceden. Me doy cuenta de que lo que "yo quiero" forma parte de quién soy y, si bien esto no me define, satisface mi necesidad de coherencia interna.

Así son nuestros sueños, capaces de evolucionar desde la inconsciencia inicial hasta la instancia de transformarse en deseo consciente, sin perder el contenido con el cual nacieron.

Pero, afortunadamente, la historia de los sueños no termina allí; muy por el contrario, es precisamente en el deseo donde empieza lo mejor.

Los deseos, por muchos que sean y por conscientes que se hayan vuelto, no conducen por sí mismos más que a acumular la energía necesaria para encaminarse a la acción.

¿Qué pasaría con nosotros si los deseos nunca llegaran a transformarse en una conducta concreta? Básicamente, dos cosas. Acumularíamos más y más energía interna que, sin vía de salida, terminaría, tarde o temprano, explotando en algún "accionar sustituto" o bloquearíamos nuestros intereses para no seguir sobrecargando el sistema interno de armonía psíquica.

Hace más de veinte años, en *Cartas para Claudia*, relaté en detalle la experiencia Zeigarnik. La científica rusa Bluma Zeigarnik explicaba, a principios de siglo XX, que cada intención se encuentra cargada de una determinada cantidad de energía motivacional, que sólo se agota cuando la tarea que la originó ha sido concluida.

Este fenómeno por sí solo podría explicarnos por qué si un sueño permanece escondido y reprimido puede terminar en un deseo que enferma, volviéndose síntoma. Mucho antes de llegar a somatizarse, un deseo sin acción es capaz de interrumpir toda conexión pertinente con nuestra realidad tangible (una desconexión del aquí y ahora conocida en la psicología conductual como "efecto Zeigarnik").

El deseo es nada más (y nada menos) que la batería, el nutriente, el combustible de cada una de mis actitudes, y adquiere sentido solamente cuando soy capaz de intentar transformarlo en una acción.

¿Nos reímos un poco de la estupidez humana?

Cuentan que tres astronautas, un alemán, un japonés y un argentino, fueron convocados a un prolongado desafío espacial. Estarían durante tres años en una nave, orbitando un lejano planeta y aislados de todo contacto con la Tierra. A cada uno se le permitió llevar consigo lo que quisiera, siempre y cuando no excediera el límite de peso marcado para el despegue: 40 kilos por astronauta.

El alemán dijo que siempre había querido aprender inglés, pero que nunca había tenido tiempo ni oportunidad de estudiarlo, así que ésta sería una gran ocasión. El día de la partida apareció con dos enormes baúles que reunían exactamente 40 kilos de libros, videos y material de audio para el curso.

El japonés dijo que su única motivación en la vida era el amor por su novia, así que el día de la partida apareció con una japonesita que, enfundada en su traje espacial, pesaba exactamente 40 kilos.

El argentino dijo que lo que más le gustaba en la vida era

fumar habanos de buena calidad, así que el día de la partida llegó con un contenedor lleno de cajas de puros de La Habana que pesaba exactamente 40 kilos.

Los tres astronautas subieron a la nave y fueron lanzados exitosamente a su misión.

Tres años después, la nave es devuelta a la Tierra. Miles de personas acuden a ver salir del habitáculo a los héroes del momento.

Se abre la escotilla:

—*Hello... Hello!* —dice el alemán sonriendo—. *How are you, my friends?* —saluda en perfecto inglés.

Minutos después sale el japonés con una espléndida sonrisa en los labios. Detrás, su esposa con un bebé en brazos y tomada de su mano una hermosa niña de dos añitos, de simpáticos ojos rasgados, iguales a los de su padre...

Pasan dos minutos y aparece el argentino; sale casi corriendo, desesperado, con dos cigarros en cada mano y tres en la boca:

—Lumbre, por favor, ¿quién me da un encendedor? Un cerillo, por favor... Lumbre.

El deseo sólo cumple una función efectiva si encamina mi conducta hacia la acción que lo satisfaga y, por eso, nuestra mente sana y adulta trabaja (o sería bueno que trabajase) de manera constante para transformar cada deseo en una acción.

Para ser más contundente: cada cosa que yo hago y cada cosa que decido dejar de hacer está motivada por un deseo, pueda yo identificarlo o no. Ser más conscientes de este proceso es uno de los objetivos de toda psicoterapia.

Construir acciones coherentes con estos sueños convertidos en deseos es otra.

Elegir entre dos acciones posibles, producto de dos deseos contradictorios, es la última y muchas veces la más difícil.

Los deseos reprimidos, insatisfechos o contradictorios, son la razón y el motivo de la psicología de todas las escuelas y de todos los terapeutas del mundo. De alguna manera, es el tema al que le dedico mi vida profesional y el sentido de mi principal tarea como psicoterapeuta.

Yo no voy a hablar aquí de "cómo se hace" para transformar los deseos en acciones efectivas. Primero, porque hay miles de libros de verdadera autoayuda, algunos buenos y otros no tanto, que hablan exclusivamente de eso; y segundo, porque la respuesta que estamos buscando no necesariamente se relaciona con la efectividad de nuestras acciones, sino, otra vez, con la letra del tango que hoy nos inspira: "encontrar el **camino** que nos prometieron nuestros sueños".

13. COSAS ACOMODADAS

Estoy seguro de que no hace falta tener una definición clara sobre todas las cosas, pero pienso seriamente que hay algunas sobre las cuales un individuo en proceso de crecimiento debería tener una posición definida. Una postura mínima de resolución, un enfoque claro, una decisión tomada. No importa si es ésta, aquélla, la de enfrente o la otra; importa que sea la propia, que la conozca y la defienda coherentemente en sus acciones.

Puede irte muy bien en la vida, puedes ser muy exitoso y muy millonario, puedes tener acceso a los más importantes y a los más sofisticados caprichos... Podrías hasta ser el objeto de la envidia de todos tus enemigos y hasta de algunos de tus amigos; pero para poder avanzar en el rumbo elegido, es imprescindible tener algunas cosas acomodadas. Si no somos capaces de ponerlas en orden y sólo conseguimos esconderlas entre los trastos de la estantería de las cosas pendientes, correremos el riesgo de que funcionen como anclajes de lo anterior o se vuelvan amenazas para lo que sigue.

El significado de la felicidad es uno de esos cuatro o cinco temas sobre los cuales es necesario tener una posición tomada para poder seguir adelante.

En este caso, lo importante no es definir la felicidad de todos, ni qué debe significar para los demás. Lo imprescindible —me siento tentado de decir lo urgente— es buscar el significado que tiene la felicidad para cada uno.

Me refiero a que cada quien decida si la felicidad es posible o no, si lo es sólo por momentos o si se puede conquistar definitivamente. Y en este último caso quedará después explicar si la manera es a través de la autorrealización, como propone este libro o por otros caminos.

Como dijimos, poco importa si tu decisión es la de un **escéptico irreductible**, si más bien podríamos considerarte una persona **positiva con limitaciones** o si te inscribes como yo entre los **optimistas incurables**. Lo que importa en definitiva es que tengas una postura y que te animes a vivir de acuerdo con ella.

Y no hablo de encontrar la felicidad o la respuesta definitiva al "adónde voy", porque en todo caso eso llegará a su tiempo e independientemente de lo acertado de tus respuestas. Yo hablo de dar el primer paso, que es darse cuenta de la importancia que tiene esta búsqueda.

La búsqueda de la felicidad, según yo lo veo, es inherente a todos nosotros, lo sepamos o no y sea cual sea la forma en que la denominemos. Llamémosla deseo de pasarla bien, camino del éxito o necesidad de autorrealización; ir a su encuentro forma parte irrenunciable de nuestra vida.

Es por eso que en estas palabras no intento describir "la" posición que hay que tener sobre el tema; como máximo intento transmitir una idea, que incidentalmente es la mía. Yo no creo que la felicidad crezca en los momentos de esplendor ni que deba, por fuerza, derrumbarse frente a un episodio doloroso, y por eso estoy seguro de que es posible sentirse feliz incluso en momentos difíciles.

En mi caso, cuando advertí que no tenía ninguna respuesta a la pregunta "¿adónde voy?", empecé a ocuparme de ella con mucha inquietud y durante mucho tiempo; dediqué más energía y espacio a pensar en esa pregunta que a ninguna otra cosa.

Por mi manera más que estructurada de ordenar internamente mis cosas, yo necesitaba encontrar una posición que fuera coherente y armónica con el resto de mis ideas, una certeza que me permitiera ordenar ese estante sin que se desordenara el resto de la biblioteca.

Pero la certeza de las cosas no aparece mientras intentamos escapar de nuestras dudas, sino cuando caminamos un rato junto a ellas.

Esta vez, como muchas otras, descubrí que las respuestas que buscaba sólo podría encontrarlas detrás de una puerta que a su vez era la entrada a nuevos cuestionamientos. Seguramente por eso tardé muchos años en encontrar mi propia respuesta.

Tú tendrás que buscar la tuya. Y es casi predecible que no coincidiremos. De todos modos, eso no es lo importante, sino que cada cual vaya en pos de su propia respuesta y se anime a compartirla, porque reflexionar sobre los itinerarios de otros seguramente será útil para todos. Aunque sólo sea para aclarar algún punto oscuro en la ruta que nos hemos trazado. Ojalá estas ideas que acabo de exponer te sirvan como a mí me sirvió conocer las reflexiones de otros a la hora de iluminar mis propios puntos oscuros.

14. EL OPTIMISMO

En su libro *El hombre en busca del sentido*,[1] el ya mencionado doctor Viktor Frankl nos describe cómo sus captores controlaban todos los aspectos de la vida de los reclusos de los campos: cómo, quiénes y durante cuánto tiempo debían seguir viviendo; cómo, dónde y cuándo debían morir. Decidían quiénes morirían de inanición, quiénes víctimas de la tortura y quiénes serían enviados a los hornos crematorios. Sin embargo, dice Frankl, a pesar de ese poder absoluto sobre su vida y su muerte, había algo que los soldados nazis no podían controlar: la manera en que reaccionaba cada recluso ante todo esto. Ese aspecto, totalmente imprevisible para los captores, único e ingobernable, es el que según Frankl era capaz de aumentar o determinar la posibilidad de supervivencia de los prisioneros.

Las personas son idénticamente diferentes; es decir, todas tienen dificultades y facilidades, pero la correspondencia es dispar. Lo que para algunos es sencillísimo, para otros es sumamente difícil y viceversa.

1   Viktor Frankl, *El hombre en busca del sentido*, Herder, Barcelona, 1995.

Pongamos por caso la habilidad o el virtuosismo para poder arrancar alguna nota agradable de un instrumento musical. Habrá, por ejemplo, quienes toquen el piano mejor y aprendan más rápido, y otros que lo hagan aun peor que yo, aunque también estoy seguro de que **todos**, absolutamente todos, con algunas instrucciones y mucha disciplina, podríamos llegar a tocar el piano mejor de lo que lo hacemos ahora.

Trasladando esta misma idea al planteamiento de nuestra pregunta, todos, seguramente, podemos entrenarnos para ser más capaces de contestar en cada momento qué rumbo tiene nuestra vida. ¿Hacia dónde vamos?

Leí sobre un sacerdote que decía siempre a sus feligreses que ser desdichado es mucho más fácil que ser feliz. Implica menos trabajo y menos responsabilidad, pero nos aleja de Dios...

—El camino de la desventura es bastante sencillo —explicaba—, la felicidad, en cambio, es algo por lo que es necesario trabajar, porque no es un mero sentimiento ni el simple resultado de algo que nos ocurra.

No puedo opinar sobre su planteamiento teologal, pero coincido en su propuesta de que ser o no felices, encontrar o no el rumbo, parece depender mucho más de nosotros mismos que de los hechos externos.

Para él, como para muchos otros, la idea de la felicidad se centra más en una actitud vital que en el análisis de la emoción subyacente.

Por mi parte, he aprendido que cada persona parece ser portadora del principal determinante de su nivel de felicidad. Un factor variable, de individuo en individuo, y cambiante en diferentes etapas de una misma persona, al que hoy casi todos llamamos optimismo y que identificamos como una visión positiva de su presente y su futuro. Aun a riesgo de simplificarlo demasiado, podríamos definir este optimismo básicamente como la suma de cuatro elementos principales:

I. La sensación de cierto grado de control sobre uno mismo y sobre el entorno.
II. La actitud mental esperanzada que permite insistir ante la dificultad.
III. La decisión y la actitud de seguir aprendiendo.
IV. La capacidad para cambiar la perspectiva de las cosas.

Me detengo un poco más en este último punto.

Cambiar el punto de vista. Desarrollar la mayor de las habilidades, aprender a entrar y salir de cada cosa, de cada situación, de cada idea.

Permíteme una pequeña digresión para dar un ejemplo de lo que un cambio de óptica puede hacer por nosotros.

Los psicólogos y terapeutas del mundo nos formamos durante décadas con la visión de que, en el momento de nacer, el niño tiene una sola cosa en su mente: la satisfacción de sus propias necesidades y su bienestar individual (tanto que en la jerga interna de lo "psi" se le denomina irónicamente "su majestad el bebé", según la clásica frase de Freud). Sin embargo, si dejamos de lado este supuesto y nos dedicamos a observar a un niño recién nacido y a los que lo rodean en los primeros momentos, veremos que el bebé parece estar aportando caudales infinitos de placer, quizá tan intensos como los que recibe. Sabemos por los biólogos que los cachorros de todas las especies están biológicamente programados para responder siguiendo una pauta instintiva que provoca comportamientos bondadosos, tiernos y atentos en el adulto cuidador. Entre los humanos son muy pocas las personas que no experimentan un verdadero placer cuando un bebé los mira y les sonríe. Quizá sea un simple recurso adicional de la naturaleza para que el recién nacido consiga el cuidado y la atención que necesita (¿recuerdas lo que dijimos de la vulnerabilidad del bebé recién nacido?).

Casi todos los bebés que he conocido no parecen de ninguna manera un tirano aprovechador, más bien se asemejan a fascinantes criaturas, en todo caso dotadas de un mecanismo impecable, diseñado para seducir a los demás y para conectarlos con sus aspectos internos más tiernos.

Si uno se sube a este cambio de óptica, no hay más remedio que abandonar las ideas derivadas de la postura anterior, como la noción hegeliana del amo, y asumir la naturaleza bondadosa y generosa de los seres humanos, con el sencillo argumento de que cada niño nace ya con una capacidad innata para aportar placer a otros.

Y si pudiéramos llevar aún más lejos este análisis de los hechos, nuestra relación con el mundo que nos rodea cambiaría inmediatamente. Ver a todos los demás con ternura nos permitiría relajarnos, confiar, sentirnos a gusto; nos obligaría a revisar nuestros presupuestos sobre la naturaleza fundamentalmente egoísta de los seres humanos, pasando de lo competitivo a lo cooperativo y abriendo con ello nuevas posibilidades para todos.

Entrar y salir de toda opinión para que no se vuelva un prejuicio, de todo festejo para que no se vuelva una aburrida costumbre, de todo preconcepto para que no se vuelva necedad, de toda tendencia a juzgar para que no se vuelva soberbia, de todo odio para que no se vuelva rencor.

Como propone el Dalái Lama, si todos fuéramos capaces de aprender a ser pacientes y tolerantes con nuestros enemigos, el resto de las cosas resultaría mucho más fácil y tanto la compasión como el amor fluirían a partir de allí con toda naturalidad. De hecho no hay peor aflicción que el odio y no hay mayor fortaleza que ser capaz de renunciar a él.

Había una vez un discípulo que se acercó a un viejo filósofo griego para pedirle que lo ayudara, pues se veía incapaz de cambiar su actitud peleadora y prepotente.

El maestro lo escuchó sin hacer ningún comentario y después le ordenó una tarea. Durante tres años debería entregar dinero a cada persona con la que se encontrara a cambio de que aquélla lo insultara.

El discípulo estaba muy sorprendido, pero decidió que debía aceptar la labor que le encomendaba el anciano. Menospreciarla era un acto más de soberbia y había venido a librarse de ella.

Pasaron los tres años y el alumno cumplió con la prueba: cada vez que se cruzaba con alguien le daba dinero a cambio de que lo insultara. Luego, en lugar de responderle o insultarlo a su vez, bajaba la cabeza y se iba. Se había dado cuenta de que si el otro le contestaba tendría que meter de nuevo la mano en su bolsillo y darle otra moneda a su ofensor. Una discusión más o menos prolongada podía llevarlo a la ruina...

—Debes ir a Atenas ahora —le señaló el maestro—, allí aprenderás todo lo que te falta para continuar tu camino a la sabiduría.

El alumno se despidió y, unos días más tarde, llegaba al portal de la gran ciudad. Allí, en el camino mayor que daba acceso a Atenas, el discípulo se encontró con un viejo mendigo que, sentado en una pila de piedras, se dedicaba a burlarse e insultar a gritos a todo el que entraba o salía de la ciudad.

También insultó al discípulo...

—¿Para qué vienes a Atenas, idiota? —le gritó.

El joven se echó a reír, mientras agradecía bajando la cabeza ante cada improperio.

—Vengo buscando sabiduría —dijo, sin dejar de reír.

—¿Y por qué te ríes cuando te insulto, estúpido? —le preguntó el desconocido anciano.

—Me río —contestó el discípulo—, porque durante tres años he tenido que pagar para conseguir esto mismo que ahora tú me das gratuitamente... Te lo agradezco.

—Entra en la ciudad, viajero, es toda tuya —dijo el mendigo—, aunque no creo que te quede mucho por aprender...

De alguna manera, la más útil de las experiencias que aporta el camino recorrido es la de servirnos para poder cambiar la perspectiva. En el cuento, más que el valor del sufrimiento y la resistencia, más que la disciplina y el control de sus impulsos, lo que permite al discípulo afrontar su problema es el desarrollo de la capacidad para cambiar el punto de vista.

Alguna vez, cuestionando hacia dentro la palabra del Dalái Lama, me pregunté si sería cierto que no hay nada peor que el odio. Puse en mi lista no sólo el rencor y la furia demasiado ajenos al sentir de la mayoría, sino también algunas conductas más cercanas a mi realidad y a la de muchos de los que quiero:

el apego a ciertas estructuras,
la rigidez de conceptos,

el desprecio a las ideas ajenas,
la intolerancia con lo diferente.

Con los años, a medida que variaba mi manera de ver algunos hechos, fui agregando cosas a mi lista, creyendo que cada vez me encontraba más lejos de la postura del gran maestro budista. No era así. A medida que se alargaba la lista yo iba entendiendo que todo lo que anotaba no era más que una enumeración de diferentes maneras de disfrazar el odio.

Cada vez que recuerdo esta lista que guardo en el último cajón de mi escritorio, debajo de las cosas que quisiera olvidar y no olvido, me digo que, tarde o temprano, la humanidad comprenderá que debe manejar de otra forma las frustraciones que la empujan al odio y al rencor.

El hombre finalmente se dará cuenta de que así como aprende a renunciar a ciertos alimentos que lo dañan, debe también aprender a renunciar a actuar ciertas emociones y pensamientos que lo perjudican.

¿Es éste un sueño que conservo y por el cual trabajo o es solamente la expectativa casi infantil del joven romántico y combativo que alguna vez fui?

15. LAS EXPECTATIVAS

Uno de los más frecuentes desvíos de nuestro mejor destino es el que sucede cuando permitimos que nuestros deseos se transformen en expectativas. Es evidente que las expectativas complican nuestras posibilidades de ser felices, tanto cuando se realizan como cuando no lo hacen.

Si se cumplen, porque nos condenan a abandonarlas remplazándolas de inmediato por nuevas y más grandes expectativas (y así hasta toparnos con las que nos terminarán frustrando).

Si desde el principio no se cumplen, porque nos condenan al sufrimiento y el dolor de la desilusión.

Confundimos sueños con expectativas, sin darnos cuenta de que, mientras seguir soñando nos abre el mundo y nos motiva a la acción, las expectativas nos encierran en la espera pasiva de lo deseado. Y nos damos cuenta... Sin embargo, nos aferramos sorprendentemente a ellas. ¿Por qué? ¿Por hábito? ¿Por comodidad? ¿Por inmadurez? Seguramente un poco de todo lo dicho, pero también porque nos han acompañado demasiado tiempo...

La búsqueda de la serenidad de la mente, más que un eficiente desarrollo de estrategias para el éxito, supone un elevado nivel de sensibilidad y cierta conquista del desapego.

Dicen los Vedas que si uno vive verdaderamente satisfecho, tener más pierde importancia.

No te apresures a minimizar la frase que acabas de leer. Puede ser que, en un principio, te parezca obvia e intrascendente, pero si le permites flotar en tu mente sin cuestionarla y te alejas de ella por unos minutos, quizá cuando vuelvas a leerla algo haya cambiado en su significado... O en ti.

> Si vives satisfecho, tener más
> pierde importancia.

Sólo la insatisfacción empuja el deseo de tener más; y esto es válido tanto para los que pretenden más bienes materiales como para los que buscan tener más belleza, más sexo, más prestigio o los que van detrás de cualquier otra clase de posesión.

Pero paz interior o desapego no significa permanecer distante, desinteresado o vacío, no significa negar que es imprescindible satisfacer las mínimas necesidades básicas (alimentación, vestido, cobijo, seguridad personal), ni olvidarse de las otras (amor, reconocimiento, compañía).

En todo caso, es darse cuenta de que no necesitamos forzosamente acumular más dinero, más éxito ni más fama para sentirnos satisfechos con lo que somos. Podemos ser felices sin tener un cuerpo perfecto, sin ver colgando en nuestro ropero el mejor abrigo de piel, sin haber probado nunca el alimento más exquisito preparado por el mejor chef, y aun aceptando que no hemos conseguido construir una pareja totalmente perfecta.

En un tradicional planteamiento de terapia se propone el siguiente ejemplo.

Entras en un museo de arte. Recorres por primera vez en tu vida la galería donde se exponen una decena de cuadros, colgados en línea, uno al lado del otro. De pronto, encuentras un espacio vacío en la pared, entre dos obras. Aunque no puedes asegurar que allí falta un cuadro, no podrías saltarte el lugar vacío simplemente ignorándolo; al contrario, tu atención se dirige tenazmente a ese sitio vacío. El lugar que "ocupa" el cuadro faltante.

En psicología se llama **la presencia de lo ausente**.

Por supuesto que nuestra vida es como esa galería. Una serie de hechos y recuerdos entre los que siempre podremos encontrar, aunque no lo busquemos, el hueco de algunas cosas faltantes.

Todos somos capaces de imaginar una vida más perfecta, y eso no es dañino.

Lo destructivo, en todo caso, sería que esa ausencia sea utilizada para definir nuestro rumbo, fabricarnos un argumento que nos condene a vivir pendientes de lo que falta, vivir inventando qué podríamos sumarle a nuestra vida presente para mejorar lo que hay...

Me fastidia que se llame a este mecanismo "una ambición saludable" cuando, en realidad, es sólo "una estupidez infinita".

Deseamos y queremos: el dinero, la casa, los coches, la pareja, el cuerpo perfecto, la gloria, el poder y el tiempo para disfrutarlo todo...

No se puede pedir más... Dice la gente.

¿No se puede?

Seguro que sí se puede.

Con un poquito de tiempo para pensarlo, todos podríamos, lamentablemente, agregar a esa lista una docena de cosas.

Siempre se puede abrir una nueva expectativa que justifique nuestra desdicha.

Cuenta una vieja historia que en Nueva York vivía un joven judío ortodoxo, de treinta y cinco años y buena posición económica, cuya soltería intrigaba a toda la comunidad. Entre las personas más religiosas es usual y razonable casarse tempranamente para asegurar la formación de una familia numerosa y sana.

Todos los días, en la sinagoga, el hombre se quejaba amargamente de la soledad que sentía y le contaba a quien se le acercaba cuánto anhelaba casarse.

—Si deseas tanto formar una familia, ¿por qué no te has casado todavía? —le preguntó un día un viejo Rebe que estaba de visita en la ciudad.

—Porque nunca he conocido a la mujer de mis sueños —replicó el joven.

—¿Puedes describirme cómo sería esa mujer? —preguntó el Rebe—. Yo le pediré a Dios que te cruces con ella.

—Seguro que puedo —respondió el joven soltero.

Buscó entre los bolsillos de su largo sobretodo negro hasta que encontró una fotografía bastante provocativa de Pamela Anderson en un escueto bikini. Se la acercó al rabino y le dijo:

—Quiero una como ésta, que sea judía y que estudie el Talmud.

La sociedad parece creer firmemente que la felicidad, igual que la desdicha, se pueden calcular, medir, comparar y evaluar, día a día, minuto a minuto, de año en año.

Dennis Pragger propone para ello una más que irónica "Fórmula de la Desdicha", un intento de medir el índice de infelicidad comparando las poderosas imágenes ideales de las expectativas con nuestra percepción de la realidad en que vivimos.

La fórmula sería más o menos así:

$$II = E - R$$

El Índice de Infelicidad (es decir el *quantum* de nuestra Desdicha) es igual a la diferencia en menos de las Expectativas respecto de la Realidad.

De este modo, en la medida que lo percibido en la Realidad sea mayor, menor o igual a las Expectativas, la desdicha desaparece; y cuanto mayores sean las Expectativas o menos se les parezca la percepción de la Realidad, mayor será la Infelicidad.

Así planteado, las cuentas dan, aunque más allá de lo metafórico, todo esto no suene más que a estupidez...

Y, sin embargo, estas estupideces determinan nuestras conductas. Es obvio y comprensible que, frente a cualquier registro de Infelicidad, tendamos a ocuparnos enseguida de cambiar la Realidad.

De todas maneras, la fórmula parece explicar con claridad algunas de las conductas de todos. Seguramente nada tiene de criticable trabajar para actuar sobre la realidad y hacerla más parecida a mis sueños, pero si todo lo que hago es sufrir mientras simplemente espero que la realidad se vuelva igual a mi deseo, la desdicha está garantizada.

Un capítulo aparte merecería la actitud de algunos "desdichados crónicos" que desarrollan un estilo de crear sufrimiento, pero no a partir de una conducta pasiva sino después de un durísimo trabajo.

El abanderado de esta desdicha es una persona que conozco y al que hoy voy a llamar Eterno de nombre y Quieromás de apellido.

Eterno Quieromás ha tenido una vida bastante afortunada. Un buen trabajo, una linda familia, una casita preciosa en las afueras de la ciudad...

Pero cuando le preguntamos a Quieromás qué le da sentido a su vida, él sólo enumera lo que falta. Quiere un aumento y un ascenso y un coche más grande y una casa más lujosa y un viaje a Europa, y todo lo quiere ya.

El peor momento de su vida se repite cada fin de mes cuando, al recibir su sueldo, confirma que no le llega la deseada promoción ni el pretendido aumento. Sin necesidad de pensarlo compara su expectativa con la realidad y mide su desdicha. Y lo peor es que yo sé que nada se resolverá el día que Quieromás llegue a jefe, porque inmediatamente empezará a desear la gerencia general. Eterno Quieromás pertenece a los que cada vez que logran, con gran esfuerzo, mejorar la realidad, se ocupan, conscientes o no, de subir proporcionalmente sus expectativas para que la desdicha siga existiendo y sea justificada.

Para no parecernos a mi amigo Eterno Quieromás, si queremos ser felices deberíamos trabajar más sobre las expectativas que sobre la realidad, más sobre lo pretendido que sobre lo encontrado.

Los últimos estudios demuestran que las expectativas no satisfechas son el motivo principal (si no el único) de las crisis personales de los hombres maduros en las sociedades de consumo como la nuestra. Después de cierta edad, muchos (varones sobre todo) se dan cuenta de que sus logros personales o profesionales no se corresponden con la imagen que se habían formado de lo que debían haber realizado para entonces. La desdicha que sienten frente a esa diferencia entre lo esperado y la realidad es el desencadenante fundamental de una turbulencia que desemboca, más de la mitad de las veces, en una depresión que puede llegar a ser importante.

Como es obvio, el desvío no se debe a que la persona no haya tenido logros en su vida, sino al mismo tipo de enfermiza actitud de nuestro Eterno Quieromás, el mencionado vicio de ir aumentando las expectativas en la misma medida en que se consigue que mejore la realidad...

Las expectativas están relacionadas con el lugar de llegada y no con el camino, y por eso la motivación que se deriva de ellas es nefasta. Sólo los proyectos anclados a estrategias o planes ponen el acento en la tarea a realizar y no en el resultado.

La dificultad ahora se desplaza a otros conceptos y problemas. Cómo diferenciar la fuerza saludable y generadora de los sueños, de las neuróticas conductas de nuestros más resistentes pacientes empecinados en necios caprichos, amores imposibles o pretensiones económicas relacionadas más con la magia que con el trabajo.

Hace unos años, dando un seminario para colegas acerca de dichas neuróticas conductas, se me ocurrió diseñar esta "regla mnemotécnica" que siempre uso para reírme de mí mismo y de algunas de mis propias estúpidas actitudes. La llamé "La regla del Oso Idiota".

La regla del Oso Idiota

El alumno viene a ver al maestro.

Trae un deseo determinado.

Quiere algo.

Dice que lo quiere con toda el alma, con todo su ser.

Sueña de día y de noche con tenerlo.

Sufre mucho por esa situación y pide ayuda.

—¿Qué debo hacer? —pregunta.

El maestro le propone una secuencia de conductas: la regla del oso idiota.

¿Por dónde se empieza?

En primer lugar, la O del oso señala:

¿Usted quiere algo?

¡Obténgalo!

Obtenga lo que quiere.

¡Vaya por ello!

¿Qué es lo que busca?

"El amor de esa mujer... Esta casa... Ese trabajo..."

¡Vaya y obténgalo!

¡Haga todo lo que pueda para obtenerlo!

Juéguese la vida, corra un riesgo, comprométase con su deseo.

El alumno hace silencio y luego dice que es imposible.

Que lo ha intentado todo pero no pudo, nadie podría.

Es imposible obtener lo que él quiere.

El maestro le cree, porque a veces eso es muy cierto.

—¿Qué dice la regla? —pregunta el alumno—. ¿Cómo sigue?

El maestro explica:

La regla del Oso dice que después de la O viene la S.

¿No puede obtener lo que quiere?

Ha hecho todo lo que se podía hacer y fue imposible.

La S indica: si no puede Obtenerlo, ¡Sustitúyalo!

¡Cambie lo que quería por otra cosa!

"Esta mujer no me quiere..."

¡Que lo quiera otra mujer!

"Esta otra tampoco me quiere..."

¡Búsquese una tercera!

¡Encuentre un marinero!

¡Cómprese un perro!

—¡Ah... no! —dice el alumno.

Lo que yo quiero no se puede sustituir.

Porque como esta mujer no hay...

Porque como esa casa...

¿Qué puedo hacer maestro?

¿Qué nos dice la regla en tercera instancia?

El maestro dice O, S y otra vez O...

¡Olvídelo!

¿No puede obtener lo que quiere?

Qué pena.

¿No lo puede sustituir?

Qué mal.

Ahora, ¡Olvídelo!

—Ah, no... —dice el alumno.

Eso no puedo hacerlo, no quiero hacerlo.

Es imposible...

¿Cómo "imposible"?

Obtener no... Sustituir no...

¡¡Olvídelo!!

—No, maestro.

¡Jamás podría olvidarlo!

Ahhh...

El maestro piensa.

No lo puede Obtener.

No consigue Sustituirlo.

Y no quiere Olvidarlo...

No hace falta decirle nada más.

El maestro ya sabe, gracias a la regla,

que su alumno,

¡es un Idiota!

Por supuesto que si analizamos seriamente el planteamiento del Oso Idiota, hay mucho para decir. Para empezar, uno podría argumentar que nadie puede decidir qué olvida y qué no...

Y yo no podría más que admitir que hay algo de verdad en el comentario, ya que no se puede olvidar por decreto.

Pero puedo asegurar, porque lo he visto, que sí hay personas que deciden ocuparse de no olvidar lo que ya saben que es imposible obtener. Hombres y mujeres que prefieren voluntariamente sostener la idea de que "¡nadie puede darme lo que no quiere darme el que yo quisiera que me lo dé!".

Pero más allá de las miles de situaciones en las cuales quizá no se aplica la regla, éste es el mecanismo de los aspectos más idiotas de nuestra neurosis.

No por lo que verdaderamente no puedo olvidar, sino por lo que traigo voluntariamente a mi recuerdo, como símbolo de mi frustración y justificación de mi anclaje a la desdicha.

No lo que no se puede remplazar, sino aquello a lo que permanezco pegado para regodearme en la postura de víctima que me permite no correr el riesgo que significa volver a intentarlo.

Mi profesión me enseñó que si quiero ser sincero conmigo debo admitir que las necesidades, las verdaderas, a diferencia de los caprichos, no tienen rostro ni domicilio ni nombre ni apellido.

La generación de las expectativas

La conducta "idiota" del Oso Idiota nos aleja de la posibilidad de darle un sentido a la vida que no sea tratar de cumplir con la expectativa imposible, insustituible e inolvidable...

Un verdadero callejón sin salida.

Como bien decía Landrú, el genial humorista argentino:

Cuando esté en un callejón sin salida...
salga por donde entró.

Y, si vamos a hacer caso a la humorada (¿por qué no?), para descubrir cómo salir de esta trampa que se armó a nuestro alrededor con nuestra complicidad hay que comprender cómo se construyeron nuestras expectativas.

En general, las expectativas se instalan de dos maneras: una que podríamos llamar pasiva y otra que llamaremos, por oposición, activa.

El método **pasivo** consiste, básicamente, en la sumisa actitud de acumular mandatos y condicionamientos sin siquiera revisarlos... nunca.

Estas expectativas "plantadas en mí por mi educación" me empujan a correr detrás del deseo de parecerme a esa imagen idealizada, fiel reflejo de lo que mis padres, mi abuelo, mi maestro de quinto grado, el cura de mi pueblo o no sé quién, esperaban de mí.

Nuestros padres, adorables, nos enseñaron a crear nuestras propias expectativas y plantaron en nuestro jardín las suyas para que florecieran. Incluso los padres más bondadosos y esclarecidos constituyen, a menudo, los mayores causantes de algunos de los caminos más infelices.

Hace falta asumirlo. En algunas cuestiones, como en ésta, nosotros, los padres, somos ineptos o por lo menos tan ineficaces como fueron los nuestros.

Siempre cuento que, un día, finalmente, mi mamá me explicó lo que ella quería decirme cuando me repetía que lo único que pretendía era "que yo fuera alguien en la vida". Obviamente en su mentalidad esto implicaba "alguien destacado" (y, como después descubrí, "un hijo de quien poder presumir").

Según el pensamiento de muchos de los padres del siglo pasado, para ser alguien hay que destacarse de entre los demás, y lógicamente para eso es imprescindible competir con ellos, con todos.

Competir y ganar... para ser alguien en la vida.

Digo esto y no puedo más que admitir que hay algo muy contradictorio en este recuerdo, porque puedo asegurar que, si de alguien heredé o aprendí mi deseo de ayudar a otros, fue justamente de ella. Mi mamá era la persona más amorosa, solidaria y protectora que conocí... y nos enseñó la importancia de echar una mano en cada palabra y en cada actitud que uno tenga respecto de los demás a lo largo de sus ochenta y tres años de vida.

Sin embargo, ¿por qué pretendía entonces esas otras cosas?

¿De dónde descolgaba este empujón hacia esa especie de guerra competitiva contra todo el mundo?

Porque era mi mamá y porque en vida la amaba con toda mi alma, tuve que descubrir la respuesta con la ayuda de algunos años de terapia y mucha conciencia de mis propios condicionamientos:

Ella lo hacía porque era lo que había aprendido.

Repetía sin cuestionarse la contradictoria idea anidada en nuestra educación judeocristiana de hijos y nietos de inmigrantes: destacar sin confrontar, compitiendo y superando a los demás, pero sin llamar la atención.

"Compito sin que te enteres, para superarte sin que lo sepas", decía mi mamá... Que, para ser contradictoria, era la más contradictoria.

El método **activo** de generación de expectativas requiere, como su nombre lo sugiere, un trabajo personal y una complicidad mayor en el proceso, aunque también está relacionado con compararse con el prójimo. Consiste en dedicar una parte importante de cada semana a cotejar todo lo que se posee con todo lo que otros tienen, han tenido o podrían llegar a tener.

En este sistema la complacencia esperada sólo aparece si se consigue tener todo lo que tienen los demás o, mejor aún, más que ellos.

Yo podría decir de mí que es una introyección de los mencionados mandatos de mi madre, pero ¿cómo llegaron a esta introyección los otros, los que no son hijos de mi madre? Algunos se han dedicado a rastrear genéticamente este rasgo encontrando ciertas inclinaciones biológicas que parecen independizarlo de los estigmas educativos.

Fuera de toda broma, algunos científicos sostienen que la tendencia competitiva es uno de los orígenes neurobiológicos de nuestros padecimientos.

Aunque en realidad no hace falta tanta genética; en una sociedad de consumo como ésta, nuestro nivel de satisfacción por lógica terminará definiéndose por la comparación entre lo propio y lo de otros. Sin pensarlo, vivimos mirando a nuestro alrededor y comparándonos con los demás hasta el ridículo.

A veces parece que, por mucho que alguien consiga tener, la cantidad no será suficiente si el vecino, uno de sus socios o un primo lejano tiene un poco más.

En su tratado sobre el bienestar humano contemporáneo, H. L. Mencken se ríe de esta tontería cuando define al hombre verdaderamente satisfecho de su sueldo diciendo que es "alguien que gana 100 dólares más que su cuñado".

¿Hay salida? Claro. Rebelarse al mandato.

Dejar de mirar la milanesa del plato del vecino cuando te sirven la tuya. La tuya puede gustarte o no, pero eso no debería depender de cómo sea la milanesa del otro.

Si de verdad no quieres vivir en un mundo lleno de expectativas, no vivas comparándote.

No evalúes lo que tienes basándote en lo que el otro tiene.

No te vuelvas loco por conseguir lo que el otro consiguió.

No permitas que tu realización personal dependa de los logros ajenos y no dejes que la elección de otros, por glamurosa y atractiva que parezca, sea lo que determine tu propio rumbo.

Me permito aclarar que muy lejos estoy de pretender que ahora, después de todo el camino recorrido, vuelvas a intentar echarle la culpa a tus padres de tus conductas inadecuadas.

Nadie sabe cómo ser padre antes de serlo, y aun así nos encontramos, como les pasó a ellos, de un día para otro obligados por la sociedad a cargar con responsabilidades que más parecen diseñadas para un ser todopoderoso que para un padre o una madre comunes y apenas humanos.

Es cierto que el poder que tienen los padres sobre los hijos es casi injusto, pero consuela, aunque sea un poco, darse cuenta de que tanto unos como otros preferirían muchas veces que no fuera así.

Los hijos no tendrían por qué vivir las consecuencias de la ineficiencia de sus padres por el resto de sus vidas, ni sufrir de su control exagerado o de la actitud distante ni de las peleas entre ellos o la falta de respeto producto del autoritarismo necio de su poder. Mucho menos deberían cargar con la intención más o menos oculta de sus progenitores de que sean ellos los que llenen las carencias de su pasado, continúen su obra o lleguen donde ellos habrían deseado llegar.

Pero es también cierto que los padres tampoco deberían cargar con tanta culpa de las miserias que sus hijos se procuran, responsabilizándolos de cada conflicto pero atribuyéndose en exclusiva cada logro. Después de todo es casi siempre una verdad incuestionable que los padres quieren sinceramente ayudar a los hijos a ser felices, aunque lo hagan solamente desde su subjetiva visión de lo que es mejor y lo que es peligroso.

¿Cómo se hace para saber si estoy eligiendo mi rumbo de acuerdo con lo que soy o si estoy actuando según lo que me dijeron que sea? ¿Es este camino el que yo quiero, el que a mí me satisface, el más congruente con lo que soy, o estoy tratando de complacer a alguien?

Cuando uno se vuelve adulto, debe contestar con claridad a estas dudas. Debe tomar la decisión de luchar contra toda su historia de condicionamientos. Debe ocuparse de reparar lo reparable, compensar lo que no lo sea y construir desde las cenizas de lo recibido un futuro de mejores oportunidades.

Vivir sin expectativas

Lo mejor de mí, aunque a otros no les guste, es lo que soy, sin ninguna expectativa de volverme diferente. Dice el Dalái Lama que es extraño pero inevitable sentir alguna vez que la satisfacción no aparece después de conseguir plenamente el objeto de nuestro deseo. Llegados allí, el único camino para seguir creciendo es aprender a apreciar lo que ya tenemos. Y yo creo que con el adentro pasa lo mismo que, según nos alerta el Dalai, sucede en el afuera.

El verdadero antídoto del anhelo es la aceptación y no la posesión, el deseo pero no la expectativa, la conciencia pero no el control.

Si uno vive tratando de controlar el futuro propio y el ajeno, manipulando la conducta de los demás y especulando con la propia para producir un determinado resultado, sólo conseguirá aumentar sus expectativas y condicionar su vida a la efectividad de esa conducta persecutoria.

Hay una historia que dicen que es verídica.
Aparentemente sucedió en algún lugar de África.

Seis mineros trabajaban en un túnel muy profundo extrayendo minerales de las entrañas de la tierra. De pronto, un derrumbe los dejó aislados del exterior sellando la salida del túnel. En silencio, cada uno miró a los demás. De un vistazo calcularon su situación. Con su experiencia, se dieron cuenta rápidamente de que el gran problema sería el oxígeno. Si hacían todo bien les quedaban unas tres horas de aire, como mucho tres horas y media.

Mucha gente de fuera sabría que ellos estaban allí atrapados, pero un derrumbe como éste significaría horadar otra vez la mina para llegar a buscarlos. ¿Podrían hacerlo antes de que se terminara el aire?

Los expertos mineros decidieron que debían ahorrar todo el oxígeno que pudieran.

Acordaron hacer el menor desgaste físico posible, apagaron las lámparas que llevaban y se tendieron en silencio en el suelo.

Enmudecidos por la situación e inmóviles en la oscuridad era difícil calcular el paso del tiempo. Incidentalmente, sólo uno de ellos tenía reloj. Hacia él iban todas las preguntas: ¿Cuánto tiempo pasó? ¿Cuánto falta? ¿Y ahora?

El tiempo se estiraba, cada par de minutos parecía una hora, y la desesperación ante cada respuesta agravaba aún más la tensión. El jefe de mineros se dio cuenta de que, si seguían así, la ansiedad los haría respirar más rápidamente y esto los podía matar. Así que ordenó al que tenía el reloj que solamente él controlara el paso del tiempo. Nadie haría más preguntas, él avisaría a todos cada media hora.

Cumpliendo la orden, el del reloj controlaba su máquina. Y cuando la primera media hora pasó, dijo: "Ha pasado media hora". Hubo un murmullo entre ellos y una angustia que se sentía en el aire.

El hombre del reloj se dio cuenta de que, a medida que pasaba el tiempo, iba a ser cada vez más terrible comunicarles que el minuto final se acercaba. Sin consultar a nadie decidió que ellos no merecían morirse sufriendo. Así que la próxima vez que les informó del paso de la media hora, habían pasado en realidad 45 minutos.

No había manera de notar la diferencia, así que nadie siquiera desconfió.

Apoyado en el éxito del engaño, la tercera información la dio casi una hora después. Dijo: "Pasó otra media hora...". Y los cinco creyeron que habían pasado encerrados, en total, una hora y media, y todos pensaron en cuán largo se les hacía el tiempo.

Así siguió el del reloj, a cada hora completa les informaba de que había transcurrido media hora.

La cuadrilla apuraba la tarea de rescate, sabían en qué cámara estaban atrapados y que sería difícil poder alcanzar el lugar antes de cuatro horas.

Llegaron a las cuatro horas y media. Lo más probable era encontrar a los seis mineros muertos.

Encontraron vivos a cinco de ellos.

Solamente uno había muerto de asfixia... El que tenía el reloj.

Éste es un cruel ejemplo de la fuerza que tienen las expectativas en nuestra vida, sobre todo cuando se enredan con la necesidad de control y con el soporte de viejas creencias.

Esto es lo que nuestros condicionamientos pueden llegar a hacer de nosotros.

Cada vez que construyamos la certeza de que algo irremediablemente siniestro va a pasar, no sabiendo cómo (o sabiéndolo) nos ocuparemos de producir, de buscar, de disparar o, como mínimo, de no impedir que algo de lo terrible y previsto efectivamente nos suceda.

De paso, como en el cuento, el mecanismo funciona también al revés. Cuando creemos y confiamos en que, de alguna forma, se puede seguir adelante, nuestras posibilidades de avanzar se multiplican.

Obviamente, si la cuadrilla hubiera tardado doce horas no hubiera habido pensamiento que salvara a los mineros. No digo que la actitud positiva por sí misma sea capaz de conjurar la fatalidad o de evitar las tragedias. Sostengo que cada expectativa, por comprensible que sea, condiciona la manera en la cual cada uno se enfrenta a las dificultades.

Cada vez que hablo o escribo sobre la necesidad de bajar las expectativas;

cada vez que reniego del valor del esfuerzo;

cada vez que cuestiono el sacrificio en pos de una consecuencia mejor;

cada vez que me enojo con el intento de controlar de los más controladores;

cada vez, por fin, que menciono la palabra aceptación, alguien se pone de pie,

me señala con el dedo índice,

mira a su alrededor buscando cómplices para lo que sigue y me grita:

—¡Lo que pasa es que tú eres un conformista!

Y yo sé que tiene razón, pero no me avergüenzo.

Después de todo, yo sé que conformarse no significa dejar de estar interesado en lo que sucede, ni bajar necesariamente la cabeza. No tiene que ver con la resignación, sino con reconocer el punto de partida de un cambio, el abandono de la urgencia de que algo sea diferente y la gratitud que se debe sentir para con la vida, aunque sea por darnos la posibilidad de intentar cambiar o construir lo que sigue.

Este agradecimiento con la vida es otra de las claves de la felicidad, y todo lo que socave esa gratitud pondrá trabas a la posibilidad de ser felices.

Las expectativas son obstáculos dañinos para una buena relación con la vida. Por lo dicho, es casi evidente que si obtuviéramos siempre todo lo esperado, tampoco habría espacio para estar agradecidos, porque no solemos agradecer lo que era esperable que sucediera.

Si nos acostamos con la certeza de despertar mañana, es poco probable que al levantarnos nos sintamos agradecidos por estar vivos. Sin embargo, la mayor parte de nosotros agradecería la vida en los primeros instantes posteriores a una situación de peligro mortal.

Para casi todos, el único momento en que la salud nos da felicidad es cuando no esperábamos estar sanos y lo estamos.

Descubro un extraño bultito en mi axila. Voy al médico y me dice que parece sospechoso y que es necesario hacer una biopsia. Después de esperar durante una semana los resultados, se descubre que el tumor es benigno. Pasaré uno de los días más maravillosos de mi vida y festejaré con mis seres queridos mi rebosante salud... Aunque, si lo pensamos un poco, veríamos que esto es absurdo. Un día antes de descubrir el tumor, yo no estaba ni un poquito más sano que el día en que el médico me confirmó que el tumor era benigno.

Nada ha cambiado en mí, y sin embargo...

Es evidente que el paisaje es el mismo...

pero los ojos que miran el horizonte...

ellos sí... han cambiado...

16. EL CAMINO CORRECTO

Si la realización personal dependiera de las metas, uno sólo podría sentirse satisfecho en el preciso momento de la llegada.

En cambio, si depende de encontrar el rumbo, lo único que importa es estar en camino y que ese camino sea el correcto.

¿Cuál es el camino correcto?

El camino correcto, diría nuestro navegante, es aquel que está alineado con el rumbo que señala la brújula.

Cuando mi camino está orientado en coincidencia con el sentido que le doy a mi vida, estoy en lo correcto.

Pero atención. No existe un solo camino correcto, así como no hay un solo sendero que vaya hacia el norte. Aquel camino es correcto, pero el otro también, y el otro... y el otro...

Todos los caminos son correctos si van en el rumbo elegido. Si entendemos esto, podremos comprender mejor la recién planteada nueva alegoría del carruaje y la respuesta del viejo sabio.

Puedo elegir cualquiera de los caminos y lo mismo da, porque mientras el rumbo coincida con el camino, la sensación será la de no estar perdido.

Ahora te imagino cuestionador e inquisitivo.

Harto ya de mí, quieres respuestas concretas.

Juntas las yemas de los cinco dedos de tu mano derecha y la acercas al libro para preguntar:

"¿Qué es eso del rumbo en la vida de las personas?

"Con el señor en el agua entendí, pero ¿en la vida real?

"Quiero ganar un millón de dólares, quiero casarme con fulano, con fulana, quiero trabajar en tal lugar, quiero esto, quiero aquello... Las metas son fáciles, pero ¿y el rumbo? Y aunque acepte la idea, ¿dónde está la brújula? ¿Cuál es tu propuesta? ¿Confiar en que Dios me la dé?"

Gracias por preguntar. Eso es ayuda...

En la vida, el rumbo lo marca el sentido que cada uno decida darle a su existencia.

Pero si lo que quieres es conseguir la brújula, deberás ser tú quien conteste la próxima pregunta:

¿Para qué vives?

No "¿por qué?", sino "¿para qué?".

No "¿cómo?", sino "¿para qué?".

No "¿con quién?", sino "¿para qué?".

No "¿de qué?", sino "¿para qué?".

Y la pregunta es personal. No se trata de que contestes para qué vive el hombre, para qué existe la humanidad, para qué vivieron tus padres ni qué sentido tiene la vida de los inmorales.

Se trata de TU VIDA.

¿Adónde vas?... ¿Qué sentido tiene tu vida?...

Responder con sinceridad a esta pregunta es el primer paso para encontrar la brújula de este viaje.

¿Hacia dónde vas?... ¿Qué sentido tiene tu vida?...

No saber cómo contestarla o despreciar esta pregunta puede ser una manera de expresar la decisión de seguir perdido.

¿Hacia dónde vas?... ¿Qué sentido tiene tu vida?...

Una pregunta difícil si uno se la plantea desde los lugares miserables por los que estamos acostumbrados a llegar a estos cuestionamientos.

"Demasiado problema para una tarde como la de hoy."
"Un día de éstos lo pienso... Pregúntamelo en un par de años."
"¿Cómo voy a contestar yo a tamaña pregunta?"
"Ésa es la pregunta del millón. Hay que pensar muy bien una cuestión como ésta."
"Esperaba que tú me dieras la respuesta."
"Justo, justo para saber eso compré este libro..."

Demasiadas trampas para no contestar...

¿Hacia dónde vas?... ¿Qué sentido tiene tu vida?

Y, sin embargo, encontrar la propia respuesta no es tan difícil. Sobre todo si no tratas de convencer a nadie para que vaya contigo. Sobre todo si no tomas prestados de por vida sentidos ajenos.

Sobre todo si no te dejas convencer por cualquiera que te diga: "No, ése no puede ser tu rumbo...".

Cuando el camino es correcto se tiene la certeza de no estar perdido, se siente la satisfacción de saber que uno ha encontrado el rumbo.

Y tampoco es tan fácil. Sobre todo si el sentido de tu vida es uno pero tu meta inmediata es otra y debes elegir entre el placer de conquistar tu meta y la serenidad que promete seguir tu sentido de vida. Especialmente cuando te das cuenta de que acertaste el camino sin saber siquiera cuál es tu respuesta a la pregunta clave, es decir, cuando tus pasos accidentalmente coinciden con aquello que, aunque no seas consciente, le da sentido a tu vida, cuando aún sin saber por qué, te sientes feliz.

Lo bueno en lo malo

La habilidad para sobrevivir a las atrocidades de nuestro mundo un poco cruel no se apoya en la juventud, en la potencia física o en los éxitos obtenidos en combate, sino en la fortaleza derivada de hallar un significado a cada experiencia.

Optar por encontrar lo positivo y centrarse en ello no es, en absoluto, una forma de engaño; en todo caso es una manera de estimularse a seguir adelante.

Que nadie se confunda: el optimismo del que venimos hablando no consiste en creer a ultranza en el infantil e insostenible consuelo estúpido del refrán castizo "no hay mal que por bien no venga".

Sería maravilloso que fuera cierto pero, lamentablemente, muy lamentablemente, no lo es.

Si uno quisiera empeñarse en sostener su veracidad, debería negar el absurdo de los horrores de las guerras inútiles, debería ignorar lo siniestro de cada confrontación en la que alguien alza su mano contra otro solamente para hacerle daño.

Yo sé que tengo una cierta tendencia (¿deformación profesional?) a encontrar lo positivo en casi cualquier situación. Algunas personas acusan a los que tenemos esta actitud de engañarnos para ser felices, pero yo creo que no comprenden su verdadero sentido. Casi siempre hay un elemento positivo en una situación negativa (así como, casi siempre, hay un aspecto negativo en una situación positiva).

Desarrollar una actitud constructiva frente al universo no es algo que se decide y se consigue en un instante. Es más bien una herramienta que se elige y que se entrena.

Qué maravilloso sería ser capaz de encontrar siempre lo bueno dentro de cada situación por inconveniente que parezca a simple vista. Qué bueno sería aprovechar cada día sabiendo que es verdaderamente una oportunidad única para disfrutar de la vida.

¿Se puede pensar positivamente ante situaciones claramente desagradables?

Para poder contestar a esta pregunta imaginaria, busqué toda la semana entre mis papeles un texto que alguna vez escribió un prestigioso profesor de temas bíblicos, el doctor Matthew Henry.

Una noche, cuando volvía de la universidad donde daba clases, fue asaltado a punta de pistola a pocas cuadras de su casa. Antes de acostarse, creyente como era, se sentó ante su escritorio y apuntó la siguiente plegaria:

Señor, hoy fui asaltado.
Y se me ocurre que debo agradecerte varias cosas.
Primero quisiera agradecer
que nunca me hayan asaltado antes,
dado que en un mundo como éste
eso ya es casi un milagro.
En segundo lugar, quiero agradecer
que se llevaran sólo mi billetera
que, como siempre, apenas contenía unos pocos dólares.
Agradezco también, Señor,
que no estaban conmigo ni mi esposa ni mi hija,
que se hubieran asustado mucho
y también el hecho de que, afortunadamente,
no me lastimaran en ningún sentido.
Finalmente, Señor, quiero agradecerte...
muy especialmente,
por haber sido al que robaron...
y no el que robó.

Vuelvo a preguntar: ¿se puede pensar positivamente ante situaciones claramente desagradables?
Parece que sí.

Espero que entiendas que sé que no hay nada deseable ni maravilloso en ser robado a medianoche cerca de tu casa, saqueado o golpeado hasta sangrar; pero pongo este ejemplo para demostrar que, a pesar de todo, un horrible episodio puede y debe servir de algo; no por lo inherentemente bueno de la situación, sino por la sabiduría de aprender algo bueno incluso de lo peor.

Jung es uno de los que sugerían que aquellos que no aprenden nada de los hechos desgraciados de su vida, fuerzan a la conciencia cósmica a que reproduzca hechos similares para que puedan incorporar lo que debían haber aprendido la primera vez que les pasó.

Yo no creo en la sentencia, pero sí coincido en sostener que hay algo que aprender en cada episodio de nuestra vida.

Y que de ese aprendizaje, se crece.

Y que con ese crecimiento, se enseña.

Y que, crecido y enseñado, uno se vuelve más fuerte.

Fortaleza que, en este caso, es sinónimo de paciencia y de aceptación, entendiendo ambas como la cancelación de la urgencia de cambio.

Si bien aceptar y ser paciente se consideran virtudes, cuando nos vemos acosados por los demás o cuando alguien nos causa un daño, responder virtuosamente parece imposible. La filosofía de Oriente enseña este indispensable cultivo de la paciencia, la aceptación y la tolerancia si se pretende que el odio y la competitividad no nos aparten del camino.

Es interesante destacar que la palabra que utiliza la filosofía de Oriente es "cultivar", un verbo que nos da, desde el principio, la idea de un desarrollo y no de una simple adquisición. Éstos son recursos que para poder servirnos deben desarrollarse temprano, no en el momento en que los necesitamos.

Como dice la vieja parábola zen:

Un árbol con raíces fuertes puede resistir una tormenta muy violenta, pero ningún árbol puede empezar a desarrollar esas raíces justo cuando la tormenta aparece en el horizonte.

La educación tradicional no garantiza ni proporciona un antídoto para la impaciencia o el desencuentro porque, en nuestra cultura, la tolerancia parece transmitir pasividad y es interpretada como una expresión de debilidad, aunque todos podamos ver con claridad que es la mayor señal de fortaleza.

Responder a una situación difícil con mesura y mantener el propio rumbo a pesar del odio, la manipulación o la agresión del afuera supone, como dijimos, una mente fuerte y disciplinada. Una persona cuyos valores establezcan las prioridades, cuyas decisiones supongan siempre un "moverse hacia" lo elegido, en lugar de solamente tratar de alejarse de lo indeseable.

La brújula de la vida

En un mapa geográfico, uno puede orientarse si aprende a leer lo que señala la estrella de los vientos.

Si la miramos de cerca, vemos que existen infinitos rumbos, pero que los cuatro fundamentales son los correspondientes a los puntos cardinales: norte, sur, este y oeste.

Con los sentidos de vida sucede más o menos lo mismo: hay infinitas respuestas, pero los grandes grupos de contestaciones no son muchos.

Si tuviera que hacer listas para clasificar a la gente según las respuestas que da ante la pregunta "¿Para qué vives y hacia dónde vas?", creo que no necesitaría abrir más que cuatro grupos.

Los que buscan el **placer**.

Los que buscan el **poder**.

Los que buscan el cumplimiento de una **misión**.

Los que buscan la **trascendencia**.

Tú mismo, si unas páginas antes te animaste a pensarlo, debes de haber dado una respuesta que se podría incluir dentro de uno de estos grupos.

Por las características de los rumbos, cada grupo se define por una búsqueda que, para no transformarse en una meta, debe ser inagotable (no porque las metas sean despreciables, sino porque, como vimos, no necesariamente nos permiten sentirnos encontrados).

Tú decidirás, cuando llegue el momento, si quieres significar tu vida en la búsqueda del placer, en el cumplimiento de una misión, en la conquista del poder o en la sensación de inmortalidad que da la trascendencia.

Es tu decisión y por supuesto nadie puede tomarla por ti. Ni por mí. Ni por nadie.

Sobre todo porque no funciona.

Para hacerte responsable de tu propio camino, tienes que aceptar que el sentido depende de ti y, entonces, decidir cómo encarrilarás tu camino en la dirección elegida.

Se puede estar de acuerdo o no con este esquema, que es mi manera de ver la importancia de elegir un propósito y su relación con la felicidad. Se puede armar la propia estructura de pensamiento desde cualquier otro lugar. Cada persona que lee lo anterior con interés debería animarse a cuestionar el esquema propuesto para pensar si le sirve, tomar lo que le sea útil y descartar el resto.

Al final quizá solamente te quedes con la pregunta principal: "¿Hacia dónde conduce tu vida?". O lo que es lo mismo: "¿Para qué vives?". Será suficiente. Contesta con sinceridad... y de vez en cuando vuelve a hacerte la misma pregunta. Con sólo eso estará para mí justificado haber escrito estas palabras.

La realización personal es una necesidad sin urgencia...

Pero no te quedes simplemente esperando que el camino se ilumine...

No te quedes simplemente esperando que alguien venga a buscarte...

No te paralices esperando que el sentido de tu vida llegue a tu vida.

En todo caso, lo importante es que te comprometas con lo que hoy decidas que es tu rumbo, con lo que hoy dé sentido a tu vida; aunque te equivoques, aunque tengas que estar corrigiéndolo permanentemente.

Lo digo con absoluta responsabilidad y con mucha conciencia del dolor que puede causar lo que estoy diciendo: si no le puedes encontrar un sentido a tu vida, podría suceder que tu vida, con el tiempo, dejara de tener sentido.

Lo resumo así, brutalmente, para que no lo olvides:

¿Hacia dónde vas?
Seguramente hay un rumbo
posiblemente y de muchas maneras
personal y único.

¿Hacia dónde vas?
Posiblemente haya un rumbo
seguramente y de muchas maneras
el mismo para todos.

¿Hacia dónde vas?
Hay un rumbo seguro
y de alguna manera posible.

De manera que habrá que encontrar el camino hacia allí y comenzar a recorrerlo. Y *posiblemente* habrá que arrancar solo y sorprenderse al encontrar, más adelante, a todos los que *seguramente* van en la misma dirección.

Y sería importante recordar que este rumbo último, solitario, personal y definitivo es nuestro puente hacia los demás, el único punto de conexión que nos une irremediablemente con el mundo de lo que es.

Sólo queda un desafío

Una vez que decidas cuál es tu respuesta, vuélvete alguien capaz de dirigir tus pasos hacia ese propósito.

No te dejes convencer de que hay otros propósitos más elevados, más nobles, mejores que el tuyo, más operativos o mejor vistos.

No dejes que nada te distraiga de tu senda, mucho menos lo que otros dicen de su propio camino.

Defiende tu propósito y si, en efecto, descubres que es lo que le da sentido a tu vida, date cuenta de que deberías poder dar tu vida por él, no muriéndote, que es fácil, sino viviendo para eso.

Hay que ser capaz de consagrar la vida a un propósito, aunque sólo sea uno, cualquiera que sea; no sólo porque eso es parte del camino hacia la felicidad, sino porque es la mejor manera de hacer que vivir valga la pena.

LA BÚSQUEDA DE LA FELICIDAD NO ES SÓLO
UN DERECHO DE ALGUNOS. ES, PARA MÍ,
UNA OBLIGACIÓN NATURAL DE TODOS.

LA TERCERA PREGUNTA: ¿CON QUIÉN?

17. DECIDIR CON AMOR

Sólo después de haber aprendido a no depender y de haber elegido un rumbo y un sentido para mi vida, estaré por fin en condiciones de encontrarme con mis verdaderos compañeros de ruta: aquellos con quienes quiero compartir lo que soy, lo que tengo y lo que hago.

Si elijo adecuadamente, podré seguir adelante en compañía de los que me aman y de aquellos a los que soy capaz de amar.

Leyendo los trabajos del doctor Humberto Maturana, uno no puede más que estar de acuerdo con él cuando sostiene que es justamente el **encuentro con otros** lo que confiere a nuestra especie la condición de *Homo sapiens*. El genial chileno nos obliga a pensar que tanto lo humano del hombre (*Homo*) como su sabiduría (*sapiens*) son consecuencia del desarrollo de su lenguaje; y también que éste apareció básicamente para comunicar el interés de una persona por otra, es decir, **el amor**.

Y por supuesto que no se refiere al amor romántico, sino al liso y llano afecto por los demás. Se refiere, creo, al genuino encuentro con el prójimo.

Quedará por preguntarse de qué se trata este amor que Maturana define como responsable último de nuestro desarrollo como especie, y que yo mismo utilizo ahora para contestar la tercera de nuestras preguntas existenciales.

Lo hicimos en la primera parte con la definición de dependencia, en la segunda con la de felicidad, ahora con la del amor. ¿Para qué habrá que ponerle definiciones a las cosas, para qué tanto afán de llamar a las cosas por su nombre como me empeño en remarcar?

La respuesta me viene en este cuento:

Me contaron que una mujer entró en un restaurante y pidió de primer plato una sopa de espárragos. Unos minutos después, el mesero le servía su humeante plato y se retiraba.

—¡Mesero! —gritó la mujer—. Venga para acá.

—¿Señora? —contestó el mesero acercándose.

—¡Pruebe esta sopa! —ordenó la clienta.

—¿Qué pasa, señora? ¿No es lo que usted quería?

—¡Pruebe la sopa! —repitió la mujer.

—¿Pero qué sucede? ¿Le falta sal?

—¡¡Pruebe la sopa!!

—¿Está fría?

—¡¡*Pruebe la sopa*!! —repetía la mujer con insistencia.

—Pero, señora, por favor, dígame lo que pasa... —comentó el mesero.

—Si quiere saber lo que pasa... pruebe la sopa —dijo la mujer señalando el plato.

El mesero, dándose cuenta de que nada haría cambiar de parecer a la encaprichada mujer, se sentó frente al humeante líquido amarillento y, buscando alrededor del plato, dijo con cierta sorpresa:

—Pero aquí no hay cuchara...

—¿Lo ve? —dijo la mujer. Eso es lo que quería decirle: ¡falta la cuchara!

Y cuanto más me acuerdo de este chiste, más confirmo lo bueno que sería acostumbrarnos en las pequeñas y en las grandes cosas, a nombrar las cosas, los hechos, las situaciones y las emociones directamente, sin rodeos, tal como son.

¿Qué quiere decir hoy en día "amor", una palabra tan usada, exagerada, tergiversada y devaluada, si es que todavía conserva algo de significado?

No me refiero a precisiones, pero sí a definiciones.

Y, de hecho, **definir** es establecer con claridad desde dónde y hasta dónde abarca el concepto de lo que hablamos.

Definir el amor es esclarecer de qué hablo cuando digo amor y también de qué **no** hablo cuando lo menciono.

No hablo, por ejemplo, de estar enamorado cuando hablo de amor.

No hablo de sexo cuando hablo de amor.

No hablo de emociones que sólo existen en los libros.

No hablo de placeres reservados para los exquisitos.

No hablo de grandes cosas.

Hablo de una emoción capaz de ser vivida por cualquiera.

Hablo de sentimientos simples y verdaderos.

Hablo de vivencias trascendentes, pero no sobrehumanas.

Hablo del amor como la capacidad de querer mucho a alguien (y digo querer no en el sentido etimológico, que lo emparienta con la posesión, sino en el sentido cotidiano que le damos al "te quiero").

Quizá estas aclaraciones no sean suficientes para ti. Especialmente si nunca te detuviste a pensar qué estás diciendo cuando dices "te quiero" o qué te dice aquel que te confiesa ese sentimiento.

En el mundo de mis afectos, y sabiendo que podrías con toda razón estar en desacuerdo, me animo a asegurar que cuando queremos a alguien sentimos que nos importa esa persona, que nos interesa su bienestar. Nada más y nada menos.

Es en este sentido que hablo de los afectos en todo este libro (y en toda mi vida). Cuando quiero a alguien, me doy cuenta de la importancia que tiene para mí lo que hace, lo que le gusta y lo que le duele a esa persona.

Supongo que para muchos definir así el amor puede no parecer una gran cosa, y supongo que es así porque a veces el amor tampoco es una gran cosa. Pero tampoco debe menospreciarse este descubrimiento, porque conlleva cosas demasiado trascendentes, como las herramientas para comprender las relaciones que uno tiene con aquellos que ha elegido como respuesta a la tercera pregunta.

Así definido no es difícil concluir que mucho no te quieren aquellos a quienes no les importa demasiado tu vida, aunque durante el viaje te susurren al oído a cada rato lo mucho que te aman. No es difícil tampoco darse cuenta de que aún te aman aquellos que viven pendientes de ti y de lo que te sucede, aunque vayan por el mundo diciendo que han dejado de quererte o que nunca te quisieron.

Para ponerlo en primera persona: si de verdad me quieres, ¡te importa de mí! Y por lo tanto, aunque me sea doloroso aceptarlo, si mucho no te importa lo que me pasa, será porque mucho no me quieres. Esto no habla mal de ti ni de mí, no tiene nada de malo saber que no me quieres. Solamente es la realidad, aunque sea una triste realidad.

La moral aprendida, que parece apuntar a un amor indiscriminado, altruista y casi obligatorio, no tiene nada que ver con este sentimiento. Creo profundamente en la capacidad de amar al prójimo que no conozco, pero solamente si es la expresión de un sentimiento sincero y libre. Quiero decir: me importan el vecino de la esquina y el niño de Kosovo y el *homeless* de Dallas más allá de ellos mismos; me importa su bienestar por su simple condición de seres humanos; pero me refiero en este capítulo a mi relación con aquellos a quienes elijo para acompañarme en mi camino, aquellos que son mi respuesta a la pregunta formulada, más allá de la caridad, más allá de la benevolencia, más allá de la conciencia de ser uno con el todo y más allá de aprender a amarme en los demás.

Si somos sinceros, nos daremos cuenta de que, en realidad, no queremos a todos con la misma intensidad.

Debo admitir, sin avergonzarme de lo que siento, que me importan más las vidas de mis amigos, de mis padres y de mis hijos que las de los desconocidos, aunque sepa que éstos, de todas maneras, merecen (quién lo duda) toda mi atención y mi ayuda.

Todos queremos más a unos que a otros, y esto no sólo es normal sino que además es claramente saludable (incluso no queremos exactamente igual a todos nuestros hijos aunque nos cueste aceptarlo).

Es injusto pues pretender equiparar la energía propia de nuestro interés con la intención de forzarnos a que nos ocupemos de todo y de todos con el mismo sentimiento y de la misma manera.

Con todo respeto, me parece que sostener que alguien quiere a la humanidad en su conjunto, sin poner particular afecto en nadie, es en el mejor de los casos la expresión de un sentimiento excepcional reservado para hombres y mujeres casi santos, pero en lo cotidiano tan sólo una aseveración mentirosa de políticos en campaña y de dirigentes demagogos.

Quizá un grupo especial lo constituyen aquellos que mienten mintiéndose, discapacitados afectivos que no aman, que desconocen el alcance del amor y mucho más sus propias limitaciones. Aseguran entonces sentir por todos el mismo sentimiento: un amor "globalizado" que no pueden identificar (lo cual es absolutamente cierto, porque no hay ningún sentimiento que identificar).

Cuando abandono la injustificada culpa, condicionada por mi educación, de darme cuenta de que quiero más a unos que a otros, empiezo mucho más sanamente a destinar creciente interés a las cosas y a las personas que más me importan, para ocuparme mejor y con más tiempo de aquellos a quienes más quiero.

Sabiendo, por mi profesión, que el amor y el odio no necesariamente se excluyen sino que conviven muchas veces en vínculos ambivalentes, trabajo como terapeuta y docente defendiendo el valor del encuentro sincero, del compromiso afectivo y del desapego de las cosas, tres asuntos que considero los pilares de nuestra salud mental.

Parece mentira, pero en el mundo cotidiano de nuestra sociedad occidental urbana, la mayoría de las personas viven más tiempo ocupándose de aquellos que no les importan que de aquellos a quienes dicen querer con todo su corazón. Solemos pasar más horas de cada día intentando agradar a gente que no nos interesa que tratando de complacer a las personas que más amamos.

Y esto, además de irritante... es una necedad.

El mejor ejemplo de nuestra peor locura.

Hay que sanarse.

Hay que ponerlo en orden.

Hay que darse cuenta.

Una cosa es que yo dedique una parte de mi atención a hacer negocios y mantenga trato cordial con gente que no conozco ni me importa; y otra es la perversa propuesta del sistema que sugiere vivir en función de ellos. Esto es enfermizo, aunque sean mis clientes más importantes, el jefe más influyente, un empleado eficaz o los proveedores que me permiten ganar más dinero, más gloria o más poder...

No es inhumano avalar que cada uno trate de canalizar el poco tiempo de que dispone para ponerlo prioritariamente al servicio de los vínculos que ha construido con las personas que más quiere; ni pedirle que haga todo lo que pueda para estar más tiempo compartiendo cosas con aquellos que van en su misma dirección y a su mismo ritmo.

Inhumano sería pedirle todo lo contrario.

Un pequeño ejercicio trascendente acerca del "¿con quién?"

Tómate unos minutos para hacer una lista de las personas que hoy forman parte de tu respuesta a esta tercera pregunta. ¿Quiénes son las quince, ocho, dos o cincuenta personas en el mundo que verdaderamente te importan? No te preocupes si te olvidas de alguien, si no le recuerdas en este momento quiere decir que no es tan importante como para estar en la lista (no incluyas a tus hijos, ya sabemos que nos importan más que nada y los vamos a excluir de esta tarea).

Una vez terminada la lista, probablemente confirmes lo que ya sabías... Aunque podría pasar que algunos nombres te sorprendan. En ambos casos será bueno para ti tener tu lista de afectos actualizada y por escrito.

Atrévete a más.

Da la vuelta a la página y, ahora, sin ver la lista anterior, anota los nombres de las diez o quince personas para quienes crees ser importante. Dicho de otra manera, la lista de aquellos que te incluirían en sus listas. Hazla sin tener en cuenta si alguno de ellos figura o no en la lista anterior. Puede ser que esta pequeña tarea te confirme que hay personas a quienes queremos y valoramos, pero que quizá mucho no nos quieren, y que también hay gente que nos quiere y quizá cuenta con nosotros, pero que mucho no nos importa.

Vale la pena investigarlo y tiene sentido la sorpresa de comparar las listas. Solamente teniendo claro el concepto de que las relaciones entre las personas no son por fuerza simétricas emocionalmente, podremos decidir con más propiedad el tiempo, la energía y la fuerza que usamos en cada uno de nuestros encuentros.

Cuando alguien te quiere, lo que hace es ocupar una parte de su vida, de su tiempo y de su atención en ti. Y cuando tú quieres haces lo propio.

Un cuento que viaja por el mundo de internet me parece que muestra mejor que yo lo que quiero decir:

Cuentan que, una noche, cuando en la casa todos dormían, el pequeño Ernesto, de 5 años, se levantó de su cama y fue al cuarto de sus padres. Se paró junto a la cama del lado de su papá y, tirando de la colcha, lo despertó.

—¿Cuánto ganas, papá? —le preguntó.

—Eh... ¿Cómo? —preguntó el padre entre sueños.

—Que cuánto ganas en el trabajo.

—Hijo, son las doce dé la noche, vete a dormir.

—Sí, papi, ya me voy, pero tú, ¿cuánto ganas en tu trabajo?

El padre se incorporó en la cama y en grito ahogado le ordenó:

—¡Te vas a la cama inmediatamente, ésos no son temas para que preguntes! ¡¡Y menos a medianoche!! —y extendió su dedo señalando la puerta.

Ernesto bajó la cabeza y se fue a su cuarto.

A la mañana siguiente, el padre pensó que había sido demasiado severo con su hijo y que su curiosidad no merecía tanto reproche. En un intento de reparar su error, durante la cena, el padre decidió contestarle:

—Respecto a la pregunta de anoche, Ernesto, yo tengo un sueldo de 2,800 pesos, pero con los descuentos me quedan unos 2,200.

—¡Uhh!... ¡Cuánto ganas, papi! —contestó Ernesto.

—No tanto, hijo, hay muchos gastos.

—Ahh... ¿Y trabajas muchas horas?

—Sí, hijo, muchas horas.

—¿Cuántas, papi?

—Todo el día, hijo, todo el día.

—Ahh —asintió el chico, y siguió—, entonces tienes mucho dinero, ¿no?

—Basta de preguntas, eres muy chiquito para estar hablando de dinero.

Un silencio invadió la sala y estuvieron callados durante todo el día.

Esa noche, una nueva visita de Ernesto interrumpió el sueño de sus padres. Esta vez traía un papel con números garabateados en la mano.

—Papi, ¿me puedes prestar cinco pesos?

—Ernesto... ¡¡Son las dos de la mañana!! —se quejó el papá.

—Sí, pero ¿me puedes...?

El padre no le permitió terminar la frase.

—Así que éste era el tema por el cual estás preguntando tanto sobre dinero, mocoso impertinente. Vete inmediatamente a la cama antes de que te dé con la pantufla... Fuera de aquí... A la cama. Vamos.

Una vez más, esta vez haciendo pucheros, Ernesto arrastró los pies hacia la puerta.

Media hora después, quizá por la conciencia del exceso, quizá por la mediación de la madre o simplemente porque la culpa no lo dejaba dormir, el padre fue al cuarto de su hijo. Desde la puerta lo escuchó lloriquear casi en silencio.

Se sentó en su cama y le habló:

—Perdóname por haberte gritado, Ernesto, pero son las dos de la madrugada, todo el mundo está durmiendo, no hay ningún negocio abierto, ¿no podías esperar hasta mañana?

—Sí, papá —contestó el chico entre mocos.

El padre metió la mano en su bolsillo y sacó su billetera de donde extrajo un billete. Lo dejó en la mesita de luz y le dijo:

—Ahí tienes el dinero que me pediste.

El chico se enjugó las lágrimas con la sábana y saltó hasta su ropero. De allí sacó una lata y, de ésta, unas cuantas monedas de un peso. Añadió el billete al resto y contó con los dedos cuánto dinero tenía.

Después, tomó el dinero entre las manos y lo puso en la cama frente a su padre que lo miraba sonriendo.

—Ahora sí —dijo Ernesto—, llego justo, nueve pesos con cincuenta centavos.

—Muy bien, hijo, ¿y qué vas a hacer con ese dinero?

—¿Me vendes una hora de tu tiempo, papi?

Cuando alguien te quiere, sus acciones dejan ver claramente cuánto le importas. Sin sacrificios, sin inmolaciones, sin víctimas y sin mártires.

Es cierto que con la convivencia uno aprende a disfrutar de agasajar al otro de alguna de esas maneras que él o ella prefieren.

Puedo, claro que puedo, aunque no nazca de mí "naturalmente", despertarme de madrugada el 13 de diciembre, día de tu cumpleaños, decorar la casa y prepararte el desayuno, empapelando el cuarto con pancartas, llenándote la mañana de regalos y la noche de invitados...

Sabiendo que te gusta y cuánto te emociona... Puedo hacerlo alguna vez y hasta algunas veces, cada vez que tenga ganas de hacerlo, y por supuesto solamente cuando tenga esas ganas...

Puede sonar desagradable pero si me impongo hacer lo mismo todos los años, sólo para complacerte, y aunque no tenga ganas, no puedes esperar que lo disfrute...

En este caso y en todos los que se te ocurra, cuando no me da placer complacerte, piénsalo con honestidad, quizá sea mejor para los dos que no lo haga.

No ignoro que lo dicho tiene poco que ver con la mayoría de las creencias, más o menos aceptadas por todos, apoyadas en la valoración de todo aquello que uno es capaz de hacer "por amor".

Es obvio. No estoy de acuerdo con la utilidad de los sacrificios en el amor.

A veces, la gente me quiere convencer de que más allá de la idea de ser feliz, las relaciones importantes son aquellas donde uno es capaz de sacrificarse por el otro.

Como dije, entiendo, pero no estoy de acuerdo.

La verdad es que yo no creo que el amor sea un espacio de sacrificios.

No creo que sacrificarse por el otro garantice ningún amor, ni mucho menos creo que ésta sea la pauta que reafirme mi compromiso en la relación entre los dos.

En mi mundo, quizá un poco bizarro, el amor es un sentimiento que se realimenta en la capacidad para disfrutar juntos, y no una medida de cuánto estoy dispuesto a sufrir por ti; y mucho menos se evalúa midiendo y pesando aquello a lo que eres capaz de renunciar por mí.

Sería maravilloso que nuestro amor trascendiera gracias a la decisión que tomamos de recorrer juntos el camino disfrutando cada paso, tan intensamente como seamos capaces y dándonos cuenta de que nos sentimos más felices precisamente porque estamos juntos.

Claro que si yo nunca tengo ganas de hacer ninguna de las cosas que sé que te gustan, entonces algo debe de estar pasando en esta relación o estos afectos.

Los "tipos" de amor, una falsa creencia

Cada vez que hablo sobre el tema del amor en una charla o en una entrevista, alguno de mis interlocutores argumenta: "Depende de qué tipo de amor hablemos".

Yo entiendo lo que dice, lo que no creo es que existan clases o clasificaciones diferentes de amor determinadas por el tipo de vínculo: te quiero *como amigo*, te quiero *como hermano, como primo, como gato, como tío... como puerta* (?).

Entiendo el uso que le damos al recurso y me doy cuenta también de lo importante de poder descodificar su significado, pero no nos engañemos: el amor es uno solo y cada uno de nosotros tiene una sola manera de querer, la propia.

Para bien y para mal, esta forma de vivir, sentir y expresar el amor es, en gran medida, una repetición de la forma en la que hemos sido criados, educados y tratados.

Durante siglos se ha maltratado y lastimado a los niños mientras se les decía que esto era por el bien de ellos ("...pegarte me duele más a mí que a ti"). No sé por qué nos sorprende hoy su tendencia "incomprensible" a la agresividad y la violencia.

En el campo de la salud mental, nos encontramos demasiadas veces con alguien a quien se le inculcó que querer es golpear y que, sin darse cuenta, termina casándose con otro golpeador para sentirse querido (según las estadísticas tres de cada cuatro mujeres golpeadas han sido víctimas de castigo físico en su infancia).

Cuando trabajé con adictos durante la época de especialización como psiquiatra, atendí a una mujer que tenía un padre alcohólico y, a su vez, se había casado con un hombre alcohólico. La conocí en la clínica donde su marido estaba internado. Durante muchos años, ella acompañó a su esposo a los grupos de Alcohólicos Anónimos para tratar de que superara su adicción, con la que llevaba más de doce años. Finalmente, él estuvo en abstinencia durante veinticuatro meses. La mujer vino a verme para decirme que, después de dieciséis años de casados, sentía que su misión ya estaba cumplida, que él ya estaba recuperado... Yo, que en aquel entonces tenía veintisiete años y era un médico doctorado hacía muy poco, interpreté que, en realidad, lo que ella quería era curar a su papá, y entonces había redimido la historia de curar al padre curando a su marido. Ella dijo: "Puede ser, pero ya no me une nada a mi marido; he sufrido tanto por su alcoholismo que me quedé para no abandonarlo en medio del tratamiento... Pero ahora no quiero saber nada más de él". El caso es que se separaron. Un año después, incidentalmente y en otro lugar, me encontré con esta mujer. Ella había formado una nueva pareja. Se había vuelto a casar... con otro alcohólico.

Estas historias, que desde la lógica no se entienden, tienen mucho que ver con la manera en que uno transita sus propias cuestiones irresueltas y con la forma en que uno entiende lo que es querer.

La manera de mostrar el amor

Existe mi manera de amar y tu manera de amar, pero para bien y para mal, mi manera de querer es siempre única, es peculiar y es la mía. Mi amor es uno solo, aunque mi manera de expresarlo cambie de relación en relación.

Y es que el tipo de vínculo se hace diferente según las cosas que entre nosotros le agreguemos al amor, aunque el sentimiento puro sea siempre el mismo...

Querer y mostrarte que te quiero pueden ser dos cosas distintas para mí y para ti. Y en estos temas, como en todos, podemos estar en absoluto desacuerdo sin que necesariamente alguno de los dos esté equivocado.

Por ejemplo, yo sé que mi mamá puede mostrarte que te quiere de muchas maneras. Cuando te invita a su casa y cocina la comida que a ti te gusta, eso significa que te quiere; ahora, si para el día que estás invitado ella prepara dos o tres de esas deliciosas comidas árabes que implican amasar, pelar, hervir y estar pendiente durante cinco o seis días de la cocina, eso, viniendo de mi mamá, es la mejor demostración de que te ama. Y si uno no aprende a leer lo que pasa de esta manera, puede quedarse sin darse cuenta de que, para ella, esto es igual a decir "te quiero". ¿Es eso ser demostrativa? ¡Qué sé yo! En todo caso, ésta es **su** manera de decirlo. Si yo no aprendo a leer el mensaje implícito en estos estilos, nunca podré descodificar el mensaje que el otro expresa. (Una vez por semana, cuando me peso, confirmo lo mucho que mi mamá me quería y ¡lo bien que yo descodifiqué su mensaje!)

Repito, cambia la manera en la que expreso mi amor en el vínculo que yo establezco con el otro; pero no el amor.

Si sé querer a mis padres en libertad y constructivamente, querré constructiva y libremente a todo el mundo.

Si soy celoso con mi esposa, lo seré también con mis amigos y con mis hijos.

Si soy posesivo, lo soy en todas mis relaciones, y más posesivo me vuelvo cuanto más cerca me siento.

Si soy asfixiante, cuanto más quiero, más asfixiante soy, y más anulador, si soy anulador.

Si he aprendido a mal querer, cuanto más quiera más daño haré.

Ya te escucho decir que hay excepciones, que no siempre es así y que en tu caso específicamente... etcétera, etcétera...

Pues bien, admito las excepciones, aunque nunca se topen conmigo, pero, de todas maneras, mira bien tu entorno antes de pensar que tu situación es excepcional.

En todo caso, la que seguramente es una regla infalible es que, siguiendo el mismo razonamiento, si has aprendido a bien querer cuando quieres, lo harás mejor cuanto más quieras.

Son las cosas agregadas al afecto las que hacen que el encuentro sea diferente.

Puede ser que, además de quererte, me sienta atraído sexualmente por ti, que además quiera vivir contigo o quiera que compartamos el resto de la vida, tener hijos y todo el resto. Entonces, este amor será el que se tiene en una pareja.

Puede ser que yo te quiera y que también compartamos una historia en común, un humor que nos sintoniza, que nos riamos de las mismas cosas, que seamos compinches, que confiemos el uno en el otro y que seas mi oreja preferida para contarte mis cosas. Entonces serás mi amigo o mi amiga.

Mi capacidad y mi manera de amar no cambian de una persona a otra, pero la intensidad siempre es diferente.

Puedo querer más, puedo querer menos, puedo querer un montón y puedo querer muy poco. Puedo quererte tan poco que a ti pudiera parecerte que no te quiero (no me da lo mismo que estés bien o te enfermes, pero casi nunca te llamo, no hago cosas para encontrarnos, y sé que eso podría dolerte; no me da igual pero tampoco me quita el sueño).

Yo sé que quiero a mi mamá, a mi esposa y a mi amiga Julia con el único cariño que puedo tener, que es el mío. Lo que sucede es que sé, además, que a mi mamá, a mi esposa y a mi amiga me unen lazos bien diferentes, y esto hace que el vínculo y la manera que tengo de expresar lo que siento cambie de persona en persona.

Por supuesto que cuando le digas a tu pareja que la quieres de la misma manera que a tu papá o que a una amiga, seguramente provoques inquietud en tu relación, pero se inquietarían injustamente, porque ésta es la verdad.

El amor a los hijos: una maravillosa excepción

El mecanismo de identificación proyectiva por el cual me identifico con algo que proyecté en el otro es muchas veces el comienzo de lo que comúnmente llamamos "querer a alguien". De esto se trata el sentimiento afectivo.

Sucede así con todas las relaciones: parejas, amigos, primos, hermanos, sobrinos, tíos, cuñadas y amantes; todas excepto una: la relación con los hijos. Para amarlos no se precisa ningún mecanismo.

Esto se debe a una única razón: a los hijos no se los vive como *otros*. Cuando un hijo nace lo sentimos, literalmente, como si fuera una prolongación nuestra. Y si bien es un ser íntegro y separado, que está fuera, no dejamos de sentirlo de ese modo.

El resultado es que, sin proponérnoslo, los amamos incondicionalmente, más allá de lo que hagan, de lo que sean, de lo que digan; con el mismo amor (y a veces, tristemente con el mismo desamor) que tenemos para con nosotros mismos.

Alguien que se trata bien a sí mismo, podrá tratar muy bien a sus hijos. Alguien que se maltrata va a terminar maltratando a sus hijos. Y, posiblemente, alguien que haya vivido abandonándose a sí mismo, sea capaz de abandonar a un hijo.

Todos los que tienen hijos saben que esta condición excepcional no es reversible. Quiero decir, es de los padres para con los hijos, pero de ninguna manera de los hijos para con los padres.

Mis hijos son para mí un pedazo de mi vida y por eso los amo incondicionalmente, pero yo no lo soy para ellos.

¿Serán capaces los hijos de sentir esto alguna vez?

Sí... Lo sentirán por sus hijos; nunca por mí.

El amor de los padres como vínculo desigual, deja a los hijos con una deuda no hablada que se saldará una generación más tarde. Se trata de un caso de reciprocidad diferida, o más bien desplazada.

> *Devolverás a tus hijos lo que de mí recibiste.*
> Proverbio judío

Estoy hablando del amor de la madre y del padre y no sólo de la madre. La vivencia de la prolongación no es algo selectivo de mamá, es una vivencia de ambos padres. Y creo que lo aclaro porque sé que hay mujeres que, además del privilegio del embarazo, creen tener el oscuro derecho de negar a los hombres la posibilidad de amar con su misma incondicionalidad o dedicación a los hijos de la pareja.

Desde el punto de vista de mi especialidad, sé que siempre hay un trastorno severo previo en alguien que no quiere a su propio hijo; pero he aprendido que no necesariamente hay un trastorno estructural severo en alguien que no quiere a alguno de sus padres. Recordemos que los hijos no sienten a sus padres como una prolongación suya, y de hecho no lo son.

Uno podría pensar que, por la continuidad genética, este fenómeno de la vivencia de prolongación sucede sólo con los hijos biológicos. Pero no es así. A los hijos adoptivos se les quiere exactamente igual, con la misma intensidad y la misma incondicionalidad que a los hijos naturales, y esto es fantástico. Adoptar no quiere decir criar ni anotar oficialmente a alguien en nuestra libreta matrimonial, significa darle a ese nuevo hijo el lugar de ser una prolongación nuestra.

Cuando yo adopto verdaderamente desde el corazón, mi hijo es vivido por mí como si fuera un pedazo mío, exactamente igual, con la misma amorosa actitud y con la misma terrible fusión que siento por un hijo biológico.

Ambos, biológicos y adoptados, llegan a nuestra vida por una decisión que tomamos, son una materialización de nuestros deseos y de alguno de nuestros proyectos. Por eso, al ser parte de nosotros, los condicionamos con nuestras historias, las buenas y las malas. Los educamos desde nuestras estructuras más sanas y también desde nuestro lado más neurótico, lo cual, como digo siempre, un poco en broma y un poco en serio, quizá no sea tan malo para ellos.

Aterrizar sin entrenamiento en un mundo como el que vivimos, lleno de neurosis... sería un martirio.

Decía Erich Fromm: "Si a mi consultorio llegara un hombre sano, absolutamente sano, mi función terapéutica sería neurotizarlo lo suficiente como para que pudiera vivir adaptado".

Los padres hemos hecho esto de "neurotizar para adaptar" desde que hombres y mujeres decidieron juntarse para sostener y llevar adelante la idea de tener hijos; aunque claro, no era ésta la principal función social de la familia.

Si hablamos en serio, su misión fundamental es formar, alimentar, proteger, nutrir y contener a sus miembros, preparándolos y acompañándolos hasta que los hijos sean capaces de abandonar el nido.

No es de extrañar, entonces, que en la elección de un compañero o compañera de ruta para toda la vida, muchos y muchas, entre ellos yo mismo, tengamos a nuestros hermanos en los primeros lugares.

Con ellos hemos compartido la incondicionalidad del amor de nuestros padres, así como las desventajas y penurias de su patología. A su lado pasamos de la emoción a la risa y de allí al llanto miles de veces, cuando éramos niños. No en vano los terapeutas familiares recuerdan todo el tiempo, que un hermano es, en muchos sentidos, el único testigo veraz de los peores y de los mejores momentos de la historia de nuestra infancia.

Al hacer una evaluación de la patología neurótica, las estadísticas son claras y significativas ya que en todas las culturas los estudios coinciden en mostrar el mismo resultado: los índices patológicos más altos se dan entre los hijos únicos.

Y esto se confirma con el siguiente grupo de incidencia: los segundos en el *ranking* son los hijos mayores, esto es, los que alguna vez fueron únicos.

Obviamente, compartir un espacio con otro me entrena para próximos encuentros más sofisticados. Las envidias, los celos, las manipulaciones y hasta las peleas entre hermanos funcionan como un trabajo de campo del futuro social.

Por supuesto que cuanto mejor resuelta esté la relación de los hermanos, la ventaja de lo fraternal quedará más en evidencia.

La mayoría de las veces, los padres son los grandes responsables de la buena o mala relación entre los hijos, dado que ese vínculo está impregnado de lo que los padres hayan sembrado, a conciencia o sin saberlo, entre los hermanos.

Por haber generado entre ellos la competencia.

Por haber hecho alianzas con algunos en perjuicio de otros.

Por haberles mostrado la pésima relación que los padres tenían con los propios hermanos.

Por haber hecho evidentes las diferencias en el trato hacia este o aquel hermano.

No estoy diciendo aquí que se debe querer a todos los hijos por igual, porque no me gusta pedir imposibles. Después de un tiempo, empiezan las afinidades y los padres se relacionan con cada uno de los hijos de diferente manera y, según los diferentes momentos, encuentran distintos grados de sintonía.

La historia de competencia entre los hermanos que estas diferencias pueden generar es fatal y dolorosa para todos, pero muy especialmente para aquellos hijos que se sienten más excluidos o por lo menos privados de la atención o del cuidado de su padre o de su madre.

Baste decir que, en mi experiencia de consultorio, he visto esta situación demasiadas veces y siempre como parte de una vivencia dramática. Y es que el que tiene un hermano con el que no se relaciona, de alguna manera tiene un agujero en su estructura existencial. Ha perdido un pedazo de su vida.

La otra falsa creencia: el amor eterno

Los que repiten y sostienen esta idea pretenden convencernos de que, si alguien te ama **de verdad**, te amará para toda la vida; y que si amas **de verdad** a alguien, esto jamás cambiará.

Y, sin embargo, a veces, lamentable y dolorosamente, el sentimiento se aletarga, se consume, se apaga y se termina... Y cuando eso sucede, poco se puede hacer para impedirlo.

Estoy diciendo que se deja de querer.

Afortunadamente no siempre, pero se puede dejar de querer.

Creer que el amor verdadero es eterno es vivir encadenado al engaño infantil de que puedo reproducir, en lo cotidiano, aquel vínculo que alguna vez tuve, real o fantaseado: el amor de mi madre. Un amor infinito, incondicional y eterno.

Dice Jacques Lacan que es éste el vínculo que inconscientemente buscamos reproducir, un vínculo calcado de aquél en muchos aspectos.

Deshagámonos, si es posible para siempre, de la idea del amor incólume, y asumamos con madurez lo que dice Vinicius de Moraes: "El amor es una llama que consume y consume porque es fuego, un fuego que es eterno... mientras dura".

Alguna vez escribí que las consultas por problemas afectivos que recibe un terapeuta se podrían dividir en tres grandes grupos:

- Las de aquellos que quieren ser queridos más de lo que son queridos, porque no les es suficiente lo que reciben.
- Las de los que quieren dejar de querer a aquel que ya no los quiere, porque les es muy doloroso.
- Y las de los que quisieran querer más a quien ya no quieren, porque todo sería más fácil.

En mi consultorio, lamentablemente, todos se enteraban de la misma mala noticia: no sólo no podemos hacer nada para que nos quieran, sino que tampoco podemos hacer nada para dejar de querer.

Qué fácil sería todo si se pudiera elevar el "quererómetro" apretando un botón y querer al otro más o menos de lo que uno lo quiere, o girar una canilla hasta conseguir equiparar el flujo de tu emoción con el mío.

Pero la realidad no es así.

La verdad es que no puedo, por mucho que me esfuerce, quererte más de lo que te quiero. No puedes, por mucho que así lo desees, quererme ni un poco más ni un poco menos de lo que me quieres.

Schopenhauer lo ilustra diciendo que se puede querer, pero no se puede querer cuanto uno quiere, ni como uno quiere ni lo que uno quiere querer.

Y si no podemos esto, menos aún podríamos ayudar a otros a que algo de eso les pase.

Desengaño

¿Es tan fácil darse cuenta cuando a uno mucho no lo quieren?

¿Basta con mirar al otro fijamente a los ojos?

¿Alcanza con verlo moverse en el mundo?

¿Es suficiente con preguntárselo o preguntármelo...?

Si así fuera, ¿cómo se explica tanto desengaño? ¿Por qué la gente se defrauda tan a menudo si, en realidad, es tan sencillo darse cuenta de cuánto le importamos o no le importamos a los que queremos?

¿Cómo puede asombrarnos el descubrimiento de la verdad del desamor?

¿Cómo pudimos pensarnos queridos cuando, en verdad, no lo fuimos?

Posiblemente el dolor vinculado al desengaño en el amor se deba a que nadie es más vulnerable a creerse algo falso que aquel que **desea** que la mentira sea cierta.

Quiero, ambiciono y deseo tanto que me quieras, tengo tanta necesidad de que me quieras, que quizá pueda ver en cualquiera de tus actitudes una expresión de tu amor.

Tengo tantas ganas de creer esa mentira, que no me importa que sea evidente su falsedad.

Pero cuidado, porque también nos equivocamos (y mucho) cuando intentamos erigirnos en parámetro evaluador del amor del prójimo.

Si parto del soberbio error de creer que la única manera de querer es la mía, cuando confirmo que la otra persona no me quiere como yo la quiero, me decepciono, me defraudo y me convenzo de que, sencillamente, no me quiere.

Estúpidamente, empiezo a creer eso porque el otro no expresa su cariño como lo expresaría yo. Más estúpidamente lo confirmo porque no actúa su amor como lo actuaría yo.

El otro no me quiere como yo lo quiero. El otro no me quiere como yo quisiera que me quiera.

Es cierto. Siempre es cierto. Pero me quejo porque me olvido de que el mundo está compuesto de seres individuales y personales que son únicos y absolutamente irreproducibles, y que, por lo tanto, su manera de vivir, de hacer, de amar no necesariamente es la mía, es la de él; porque él es una persona y yo soy otra, por suerte para ambos.

Y no sólo eso: quizá el otro ni siquiera me quiera tanto como yo lo quiero (¿recuerdas el ejercicio de las listas?), quizá aunque me duela hasta pensarlo, el otro al que quiero ni siquiera me quiere.

A medida que uno avanza alejándose de la soberbia de creerse irresistible, aprende a aceptar que algunos, quizá muchos, no lo quieren. Aprende a tolerar la herida que significa para sus aspectos más narcisistas, la conciencia de no ser el **"quién"** elegido por aquel o aquella que uno eligió.

Cuentan que George Bernard Shaw decía siempre que no se había casado nunca porque todo el tiempo esperaba encontrarse con "la mujer de sus sueños".

Dicen que una vez alguien le preguntó si nunca la había encontrado y que él contestó:

—Sí. La encontré una vez y le confesé que ella era la persona que yo había estado buscando toda mi vida... Ella sonrió y me dijo que también estaba buscando al hombre de sus sueños, ¡pero que indudablemente no era yo!

El amor es una de las cosas que no dependen de lo que hagamos ni de una decisión sino, simplemente, de que la magia ocurra.

Quizá pueda impedirlo, pero no puedo causarlo. Sucede o no sucede y, si no sucede, no hay manera de hacer que suceda, ni en mí ni en ti.

Si me sacrifico, me mutilo y cancelo mi vida por ti, podré conseguir tu lástima, tu desprecio, tu conmiseración, quizá hasta gratitud, pero no conseguiré que me quieras (ni que me vuelvas a querer), porque eso no depende de lo que yo pueda hacer (y, en realidad, ni siquiera depende de tu decisión).

Y, de todas maneras, aunque decidiera sacrificarlo todo por la persona amada, nada de eso permitiría que eternamente sigamos juntos.

Como sugiere este libro desde un principio, avanzar hacia la autorrealización es encontrar la respuesta a "¿con quién?", aunque eso también signifique contestar a "¿con quién no?". Y más dolorosamente aún, contestar a "¿con quién ya no?".

Nos guste o no, la madurez significa, sobre todo, dejar atrás todo lo que ya no está.

18. EL DOLOR INSOPORTABLE
DE LAS PÉRDIDAS

El esquema de contacto y retirada del que hablé antes, cuando todavía buscábamos respuesta a la primera pregunta, es la base de lo que significa la actitud experiencial ante la vida.

Lo traigo a colación para poder dejar establecido que el proceso del duelo no es, ni más ni menos, que una particular situación de "contacto y retirada", y que la etapa de las lágrimas es el sendero de aprender a recorrer este ciclo sin interrupciones, sin dilaciones, sin estancamientos y sin desvíos.

En los duelos, el estímulo percibido desde la situación de ingenua retirada, es la pérdida. A veces de inmediato y otras no tanto, me doy cuenta de lo que está pasando, he perdido esto que tenía o creía que tenía. Y lo siento. Se articulan en mis sentidos un montón de cosas, no mis emociones todavía, sino mis sentidos. Y luego, frente a esta historia de impresiones negativas o desagradables, me doy cuenta cabal de lo que pasó.

Tal vez lo que sucede es que, en el fondo, yo, tú y todos, pretendemos no desprendernos totalmente de nada, especialmente cuando el "ya no más" no depende de nuestra decisión ni de nuestra renuncia. A la luz de lo dicho, uno puede darse cuenta de que el dolor de una pérdida puede tener que ver no sólo con no tener algo, sino también con el mal manejo de mi impotencia.

Me acuerdo de Nasrudín...

—He perdido la mula, he perdido la mula, estoy desesperado, ya no puedo seguir así. No puedo vivir si no encuentro mi mula.

Así lloriqueaba Nasrudín recorriendo el pueblo buscando su mula perdida.

—Aquel que encuentre mi mula —repetía— va a recibir como recompensa... mi mula.

Y la gente le decía:

—Estás loco... Has enloquecido. ¿Perdiste la mula y vas a ofrecer como recompensa tu propia mula?

A lo que él respondía:

—Sí, porque a mí me molesta no tenerla, pero mucho más me molesta haberla perdido.

Ante una pérdida, real o imaginaria, grande o pequeña, monumental o intrascendente, aparecen y me invaden, siempre, en mayor o menor medida, un montón de emociones diferentes, a veces hasta contradictorias, que preceden el proceso del duelo. Son las emociones que me permitirán tomar conciencia verdadera de la ausencia de lo que ya no está. El punto de contacto con la carencia, que permitirá luego un definitivo darme cuenta de la nueva realidad.

La salud de tus relaciones con los demás, como ya dijimos, se mide en tu manera de estar —comprometidamente mientras dure—, de averiguar, detectar y revisar si esto que tienes es lo que tienes o es solamente el cadáver de aquello que tuviste; y, si es un cadáver, comprometidamente despedirte de él y con igual compromiso salir de lo que ya se terminó, para poder seguir tu camino.

Me gustaría compartir contigo esta historia. Me la contó mi amiga Rosa, que la escuchó a su vez de boca de su entrenador, al pie del Everest, antes de empezar una pequeña escalada:

Había una vez un hombre que estaba escalando una montaña. Estaba haciendo un ascenso bastante complicado, en un lugar donde se había producido una intensa nevada. Él había estado en un refugio esa noche y, a la mañana siguiente, la nieve había cubierto toda la montaña, lo cual hacía muy difícil la escalada. Pero no había querido volverse atrás, así que, de todas maneras, con su propio esfuerzo y su coraje, siguió trepando y trepando, escalando por esa empinada montaña. Hasta que, en un momento determinado, quizá por un mal cálculo, quizá porque la situación era verdaderamente difícil, puso el pico de la estaca para sostener su cuerda de seguridad y se soltó el enganche. El alpinista se desmoronó, empezó a caer a pique por la montaña, golpeando salvajemente contra las piedras en medio de una cascada de nieve.

Toda su vida pasó ante sus ojos y, cuando esperaba lo peor, sintió que una soga le pegaba en la cara. Sin llegar a pensar, de un manotazo instintivo, se aferró a ella. Quizá la soga se había quedado colgada de algún amarre... Si así era, podía ser que aguantara el chicotazo y detuviera su caída.

Miró hacia arriba, pero todo era ventisca y nieve cayendo sobre él. Cada segundo parecía un siglo en ese descenso acelerado e interminable. De repente, la cuerda pegó el tirón y resistió. El alpinista no podía ver nada, pero sabía que, por el momento, se había salvado. La nieve caía intensamente y él estaba allí, como clavado a su soga, con muchísimo frío, pero colgado de ese pedazo de lino que había impedido que muriera estrellado contra el fondo de la hondonada entre las montañas.

Trató de mirar a su alrededor, pero no había caso, no se veía nada. Gritó dos o tres veces, pero se dio cuenta de que nadie podía escucharlo. Su posibilidad de salvarse era infinitamente remota; aunque notaran su ausencia, nadie podría subir a buscarlo antes de que parara la nevisca y, aún en ese momento, ¿cómo sabrían que el alpinista estaba colgado de algún lugar del barranco?

Pensó que si no hacía algo pronto, ése sería el fin de su vida. Pero ¿qué hacer? Pensó en escalar la cuerda hacia arriba para tratar de llegar al refugio, pero inmediatamente se dio cuenta de que eso era imposible.

De pronto, escuchó la voz. Una voz que venía desde su interior que le decía "suéltate". Quizá era la voz de Dios, quizá la de su sabiduría interna, quizá la de algún espíritu maligno, quizá una alucinación... Y sintió que la voz insistía: "Suéltate... suéltate".

Pensó que soltarse significaba morir en ese momento. Era la forma de parar el martirio. Pensó en la tentación de elegir la muerte para dejar de sufrir.

Y como respuesta a la voz, se aferró más fuerte todavía.

Pero la voz insistía: "Suéltate, no sufras más, es inútil este dolor, suéltate". Y, otra vez, él se impuso aferrarse más fuerte aún, mientras conscientemente se decía que ninguna voz lo iba a convencer de soltar lo que, sin lugar a dudas, le había salvado la vida.

La lucha siguió durante horas, pero el alpinista se mantuvo aferrado a lo que pensaba que era su única oportunidad.

Cuenta esta leyenda que, a la mañana siguiente, la patrulla de búsqueda y salvamento encontró al escalador casi muerto.

Le quedaba apenas un hilito de vida. Algunos minutos más y el alpinista hubiera muerto congelado, paradójicamente aferrado a su soga... a menos de un metro del suelo.

Y digo que, a veces, no soltar es la muerte.

A veces, la vida está relacionada con soltar lo que alguna vez nos salvó.

Soltar las cosas a las cuales nos aferramos intensamente, creyendo que tenerlas es lo que nos va a seguir salvando de la caída.

Todos tenemos una tendencia a aferrarnos a las ideas, a las personas y a las vivencias. Nos aferramos a los vínculos, a los espacios físicos, a los lugares conocidos, con la certeza de que esto es lo único que nos puede salvar.

Apostamos con demasiada frecuencia por lo "malo conocido", como siguiendo el consejo del dicho popular. Y aunque intuitivamente nos demos cuenta de que aferrarnos puede significar la muerte, seguimos anclados a lo que ya no sirve o a lo que ya no está, huyendo de las fantaseadas consecuencias que imaginamos que ocurrirían si nos permitiéramos soltarlo. En realidad, actuamos así porque una parte de nosotros no confía en nuestra fuerza, intenta convencernos de que no seríamos capaces de tolerar ningún sufrimiento o que no podríamos soportar el dolor; y por si fuera poco confundimos esas dos cosas.

Hace unos años, en *El camino de las lágrimas*[1] explicaba yo, hablando de los duelos, esa diferencia.

Sufrir es cronificar el dolor. Es transformar un momento en un estado; es apegarse al recuerdo de lo que lloro para no dejar de llorarlo, para no olvidarlo, para no renunciar a eso, para no soltarlo sustituyéndolo por el sufrimiento.

1   *El camino de las lágrimas*, Océano, México, 2002.

En este sentido, el sufrimiento es siempre una enfermiza manera de lealtad hacia lo ausente. Es como volverse adicto al malestar, es como evitar "lo peor" eligiendo "lo peor de lo peor".

El sufrimiento es racional aunque no sea inteligente, induce a la parálisis, es estruendoso, exhibicionista, quiere permanecer y, para ello, reclama compañía, pero no como consuelo, sino porque necesita testigos.

El dolor, por el contrario, es silencioso, solitario, implica aceptación, estar en contacto con lo que sentimos, con la carencia y con el vacío que dejó la ausencia.

El sufrimiento pregunta por qué, aunque sabe que ninguna respuesta lo conformará; para el dolor, en cambio, se acabaron las preguntas.

La más importante diferencia entre uno y otro, es que el dolor siempre tiene un final, en cambio el sufrimiento podría no terminar nunca.

Somos como el alpinista, aferrados a la búsqueda de cosas materiales como si fueran la soga que nos va a salvar. No nos animamos a soltar este pensamiento porque creemos que, sin posesiones, lo que sigue es el cadalso, la muerte, la desaparición. Una vez más, sabemos que lo conocido nos ocasiona sufrimiento, pero no estamos dispuestos a renunciar a ello. La idea de soltar las cosas para recorrer el camino más liviano nos es desconocida y, entonces, no tenemos ninguna posibilidad de dejar de sufrir, porque, además de la frustración, se instala en nosotros una cierta contradicción.

Por un lado sabemos que nos es imposible dejar de desear más cosas y más cosas; por otro sabemos también que es aún más imposible llegar a tener infinitamente y para siempre todo lo que se nos antoje.

Nos damos cuenta de que no somos omnipotentes, pero seguimos actuando como si pretendiéramos serlo.

Como ya dijimos, el problema es no saber entrar y salir de las situaciones.

No poder aceptar la conexión y la desconexión con las cosas y con el deseo de las cosas.

No haber aprendido que obtener y perder son parte de la dinámica normal de la vida considerada feliz.

Te preguntarás por qué vuelvo a la felicidad, el apego y la capacidad de entrar y salir, si estoy hablando de pérdidas, lágrimas y abandonos. No es un desvío.

La muerte, el cambio y las pérdidas están íntimamente relacionados desde el comienzo de los tiempos con la felicidad y con la **vida plena**. Así lo muestran los estudios de los símbolos que han encarado, sucesivamente, la antropología, la historia de los pueblos primitivos, la psicología y todas las investigaciones sobre rituales indígenas.

Pongamos un ejemplo. En el Tarot existe una carta que representa y simboliza la muerte. Se trata del arcano número 13, que la tradición popular identifica con la famosa calavera, la guadaña y la túnica con la imagen misma de la parca. Sin embargo, a pesar de lo aterrador de la imagen, esta carta no representa como símbolo la llegada de la muerte en sí misma, sino que, para los que más saben del tema, encarna el cambio. Simboliza el proceso por el que algo deja de ser como es, para dar lugar a otra cosa que va a ocupar el lugar de aquello que ya no está.

La sabiduría popular o el inconsciente colectivo saben, desde siempre, que las pequeñas muertes cotidianas y quizá también los más tremendos episodios de muerte simbolizan internamente procesos de cambio.

Vivir activamente es permitir que las cosas dejen de ser para que den lugar a otras nuevas, y para eso hay que aprender a soltar lo anterior.

Cuando temo a lo que viene, me aferro a lo que hay.

Volverse adulto siempre implica dejar atrás algo perdido, aunque sea un espacio imaginario. Crecer incluye, por fuerza, abandonar una realidad anterior (interna o externa), aunque nos suene más segura, más protegida y, por lógica, más previsible.

Seguir aferrado al pasado es quedarme centrado en lo que tengo porque no me animo a vivir lo que sigue. Elaborar un duelo es dejarlo para ir a lo diferente, pasar de lo conocido a lo desconocido para seguir creciendo.

No temas, te aseguro que puedes soportar un dolor sin destruirte. Lleva contigo a manera de equipaje la conciencia de que puedes salir de cada situación y de cada vínculo si así lo decides, y eso te dará la tranquilidad de saber que puedes quedarte donde estás y haciendo lo que haces por elección y, por ende, sin sentirte prisionero.

De *El rey Juan,* la obra de William Shakespeare...

Felipe habla con Constanza, que ha perdido a su hijo durante la última batalla.

De hecho, ignora si su hijo ha muerto, pero intuye que probablemente no lo volverá a ver con vida.

Constanza llora y gime, se lamenta y llora más todavía, se le ve desesperada y dolorida.

Entonces Felipe le dice:

—Lloras tanto a tu hijo, estás tanto con el dolor, que parece que quisieras más a tu dolor que a tu hijo.

Y Constanza le contesta:

—El dolor de que mi hijo no esté vive en su cuarto, duerme en su pieza, viste sus ropas, habla con sus mismas palabras y me acompaña a cada lugar al que me acompañaba antes mi hijo, ¿cómo podría no querer mi dolor, si es lo único que tengo?

Porque el dolor, a veces, es cierto, acompaña al que sufre, ocupando el mismo sitio que antes habitaba la persona.

No importa qué lugar ni cuánto lugar ocupaba el desaparecido en tu vida, el dolor siempre está listo para llenar todos esos espacios.

Y es necesario entender que, si bien esta sensación de estar acompañado por el dolor no es agradable, por lo menos no es tan amenazante como parece ser el vacío.

Por lo menos, el dolor ocupa el espacio.

El dolor llena los huecos. Especialmente los que se abren en el alma del que está en duelo.

Siempre se dice que el que ama se arriesga a sufrir.

Y yo digo que, lamentablemente, con relación al amor, el dolor es más que un riesgo, es casi una garantía. Y es así porque en cada relación amorosa comprometida es más que probable que haya por lo menos un poquito de dolor, aunque sólo sea el dolor de descubrir nuestras diferencias y de enfrentar nuestros desacuerdos.

Pero esta puerta al dolor del amor más comprometido es la única manera de vivir plenamente y, como suelo decir:

| Vivir vale la pena.

Una pena que es valiosa porque, además de inevitable, de alguna manera, me abre la puerta de una nueva dimensión. El dolor ineludible que nos sirve para conseguir algo más importante. La condición imprescindible para sostener mi propio crecimiento.

Soportar el dolor

Aunque parezca increíble, al comenzar este camino todos pensamos que somos básicamente incapaces de soportar el dolor de una pérdida, que nadie puede superar la muerte de un ser querido, que moriríamos si la persona amada nos dejara y que no podríamos aguantar ni siquiera un momento el sufrimiento extremo de una pérdida importante, porque la tristeza es nefasta y destructiva...

Y vivimos así, condicionando nuestra vida con estos pensamientos. No es culpa nuestra o, por lo menos, no es solamente nuestra culpa... Hemos sido entrenados por los más influyentes de nuestros educadores para creerlo.

Sin embargo, como casi siempre sucede, estas "creencias" aprendidas y transmitidas a través de nuestra educación, son una compañía peligrosa y actúan como grandes enemigos que nos empujan a costos mucho mayores que los que supuestamente evitan. En el caso del duelo, por ejemplo, llevarnos al enfermizo destino de extraviarnos de la ruta hacia nuestra liberación definitiva de lo que ya no está.

Mi maestra Raj Darwhani me contó hace mucho esta historia:

Al caer la noche la caravana del desierto se detiene.

El muchachito encargado de los camellos se acerca al que guía la caravana, y le dice:

—Hay un problema, tenemos veinte camellos y diecinueve cuerdas, así que, ¿cómo hacemos?

El guía le responde:

—Mira, los camellos son bastante tontos, así que, y después de atar a todos los demás, acércate al lado del último camello y haz como que lo atas. Él se va a creer que lo estás atando y se va a quedar quieto.

Un poco desconfiado, el muchacho va y hace como que lo ata, y el camello, en efecto, se queda allí, paradito, como si estuviera atado.

A la mañana siguiente, cuando se levantan, el cuidador cuenta los camellos. Están los veinte. Los mercaderes cargan todo y la caravana retoma el camino. Todos los camellos avanzan en fila hacia la ciudad. Todos menos uno que queda allí.

—Jefe, hay un camello que no sigue a la caravana.

—¿Es el que no ataste ayer porque no tenías soga?

—Sí. ¿Cómo lo sabe?

—No importa. Ve y haz como que lo desatas, porque si no, va a seguir creyendo que está atado y si él sigue creyéndose atado, no empezará a caminar.

El cuento del camello debería obligarnos a pensar en nuestros odiosos y estúpidos condicionamientos —falsos mitos culturales que aprendimos con nuestra educación— como el de que no estamos preparados para el dolor ni para la pérdida. Repetimos casi sin pensarlo: "No podría seguir sin él o sin ella o sin eso".

En el camino de realizarnos como personas esto será parte importante de lo que hay que desaprender.

Un día de noviembre del 79, sin ninguna razón en particular, me encontré pensando que algunas de las cosas que había conseguido y que algunas de las personas sin las cuales "no podía vivir" podían no estar o que, posiblemente, un día cualquiera ya no estarían. Las personas podían decidir irse, no necesariamente morirse, simplemente no estar en mi vida. Las cosas podían cambiar y las situaciones podían volverse totalmente opuestas a como yo las había conocido.

Y empecé a darme cuenta de que debía aprender y prepararme para atravesar esas pérdidas.

He dedicado gran parte de estos años a ese aprendizaje.

Y en gran medida puedo asegurar que soy hoy quien soy, no tanto por aquellas cosas que he recibido, que son muchas, si no más bien debido a todo lo que supe y pude dejar de lado.

Por supuesto cada cosa tiene su matiz y cada situación tiene su momento. No es lo mismo que alguien se vaya a que ese alguien se muera. No es igual mudarse de una casa fea a una mejor que al revés, y por supuesto no se siente lo mismo cuando uno cambia un coche todo desvencijado por uno nuevo, que cuando se ve obligado a hacer lo contrario.

Es obvio que la vivencia de pérdida no es la misma en ninguno de estos ejemplos, pero es bueno aclarar que siempre hay un dolor cuando se deja en el antes algo que era, para entrar en otro lugar donde no hay otra cosa que lo que hay. Esto que hay no es lo mismo que era hasta ahora.

Y, repito, este cambio, sea interno o externo, conlleva **siempre** un proceso de activa adaptación a lo que tiene de nuevo lo diferente y a lo que tiene de diferente lo nuevo, sea peor o mejor.

Ciertamente, pensar (o darme cuenta) que voy hacia algo mejor de lo que dejé, es muchas veces un excelente premio o consuelo, una pequeña alegría que compensa el dolor que causa lo perdido. Compensa, pero no evita. Aplaca, pero no cancela. Nos anima a seguir, pero no anula. Siempre sigue un dolor a una pérdida. Aunque sea poco, no se puede evitar que duela.

Siempre me acuerdo del día en que dejé mi primer consultorio.

Era un departamentito alquilado, realmente modesto, de un solo ambiente, chiquitito, oscuro, interior, bastante desagradable. Me gustaba bromear, en aquel entonces, diciendo que no me dedicaba al psicoanálisis ortodoxo porque un paciente acostado no entraba en ese consultorio, debía estar sentado.

Un día, cuando empezaron a mejorar mis ingresos, decidí dejar ese departamento para irme a un consultorio más grande, de dos ambientes, mejor ubicado.

Para mí era un salto impresionante, un símbolo de mi crecimiento y una manera de medir que todo empezaba a funcionar en mi profesión.

Y, sin embargo, dejar ese lugar, donde había comenzado, abandonar ese primer consultorio que tuve, me costó muchísimo.

Lo increíble es que yo sabía que dejaba ese lugar y partía hacia algo mejor, hacia el sitio que había elegido para mi futuro y para mi comodidad...

Lo tenía muy presente, pero esto no evitaba el dolor de pensar en lo que dejaba.

Siempre tiene uno que dejar atrás las cosas que quedaron en el ayer, dejarlas ir siempre implica un proceso.

Lo que quedó atrás en el pasado ya no está aquí, ni siquiera, repito, ni siquiera si sigue estando...

Quiero decir, hace treinta años que estoy casado con mi esposa; yo sé que ella es siempre la misma, tiene el mismo nombre, el mismo apellido, la puedo reconocer, se parece bastante a la que era, pero también sé que no es la misma.

Desde muchos ángulos es totalmente otra.

Por supuesto que físicamente hemos cambiado ambos (yo mucho más que ella), pero más allá de eso, cuando pienso en aquella mujer que era mi esposa, de alguna forma se me confronta con esta que hoy es.

En la mayoría de las cosas ésta me gusta mucho más que aquélla. Es maravilloso darme cuenta de cuánto ha crecido, me siento casi orgulloso de haber sido su cómplice.

Pero esto no quiere decir que yo no tenga que hacer un duelo por aquella mujer que ella fue.

Y fíjate que no estoy hablando de la muerte de nadie, ni del abandono de nadie, simplemente me refiero a alguien que era de una manera y que es hoy de otra.

Una vez más, que el presente sea aún mejor que el pasado no significa que no tenga que elaborar el duelo y, por lo tanto, que me confronte en este caso con la necesidad de volver a elegirla.

Es verdad, alguna vez fue su nombre el que respondía a la pregunta de "¿con quién?"... Pero ¿sigue siéndolo hoy?

Es una suerte que la respuesta continúe siendo afirmativa, aunque, en realidad, el resultado no tenga nada que ver con la suerte.

Hay que aprender a recorrer esta parte del camino en la que algunas cosas quedan atrás y otras siguen, aunque ya no son las mismas.

Hay que aprender a sanar estas heridas que se producen cuando algo debe quedar en el camino, cuando el otro parte, cuando la situación se acaba, cuando ya no tengo aquello que tenía o creía que tenía.

Hay que elaborar la pérdida que está implícita en la cancelación de un proyecto, en el abandono de una ilusión o en la certeza irreversible de que nunca tendré lo que esperaba o deseaba tener algún día.

Hay que aprender a corregir en nuestro mapa las cosas que han cambiado porque, como ya dijimos, el mapa no es el territorio y el mundo en que vivimos no puede estar muy lejos del mundo objetivo.

Dicen que, una vez, un borracho caminaba distraído por un campo.

De pronto, vio que se le venían encima dos toros, uno era verdadero y el otro imaginario.

El tipo salió corriendo para escapar de ambos, hasta que consiguió llegar a un lugar donde vio dos enormes árboles.

Un árbol era también imaginario, pero el otro, por suerte, era verdadero.

El borracho... borracho como estaba, intentó subirse al árbol imaginario...

Mientras lo intentaba, el toro real agarró al pobre desgraciado.

Y, por supuesto... colorín... colorado...

Es decir, depende de cómo haya trazado este mapa de mi vida, depende del lugar que ocupe cada cosa en mi esquema, depende de las creencias que configuren mi ruta, así voy a transitar el proceso de la pérdida.

Tememos quedarnos solos

Para decir en una sola frase lo que miles de libros no llegan a explicar del todo: nos asusta pensar que quizá no hay con quién seguir adelante.

Es la fantasía de tener que enfrentar la tristeza de sentirnos:

> Solos e indefensos.
> Solos y abandonados.
> Solos e impotentes.

Tenemos miedo de la sola idea de la desolación.

Y este temor es el motor fundamental de todos nuestros mecanismos de defensa y posiblemente la razón última de nuestras conductas neuróticas.

A casi todos nos hace temblar el solo hecho de pensar que podríamos enfrentarnos alguna vez a la pérdida definitiva de todo ser amado y que no hubiera nada que pudiéramos hacer. Sentir que en mi interior sólo quedan los escombros de lo que se derrumbó.

Éste es uno de los momentos más duros del camino de casi

todos. La etapa en la que la tristeza duele en el cuerpo, la etapa de la falta de energía, de la pena dolorosa y destructiva.

Y es que estar sin el otro, especialmente si era importante para nosotros, siempre nos conecta con nuestros propios vacíos interiores.

No es una depresión, si bien se le parece en la inacción.

La depresión, en realidad, es la incapacidad de sentir grandes cosas, la imposibilidad de conectarse con las emociones que anteceden a la acción.

Estar de duelo

Desde que nos encontramos
nunca nos habíamos separado
ni por un momento.
Era un pacto sin palabras.
Nos deteníamos si el otro se detenía.
Acelerábamos si el otro apuraba el paso.
Tomábamos juntos el desvío si cualquiera de los dos decidía hacerlo...
Y ahora te has ido.
No entiendo...
Éramos dos personas guiadas por un mismo deseo,
dos individuos con un único intelecto,
dos seres habitando en un solo cuerpo.
Y ahora de repente la soledad, el silencio, el desconcierto...
Mi temor de que algo te haya pasado
va dejando lugar a una emoción diferente.
¿Y si hubieras decidido no seguir conmigo?

Después de un tiempo, me doy cuenta.

Nunca volverás.

Me siento: dividido, perdido, destrozado.

Mis pensamientos, por un lado; mis emociones, por otro;

mi cuerpo, paralizado;

mi alma y mi espíritu, como ausentes...

Levanto la vista y miro el camino hacia delante.

Desde donde estoy, el paisaje parece un lodazal.

No es lluvia lo que ha empapado la tierra.

Son lágrimas de otros que pasaron por este mismo camino llorando también el dolor de una pérdida.

Los que viven un duelo están tristes, no necesariamente están deprimidos. Quizá sí, quizá no, pero lo que seguro están es doloridos, desesperados, desbordados por su pena...

Cuando nos encontramos con estas personas y las miramos a los ojos, nos damos cuenta de que algo ha pasado, algo se ha muerto en ellos. Y es muy triste acompañar a alguien que está en ese momento. Es triste, porque comprendemos y sentimos. Porque nos "compadecemos" de lo que le pasa; quiero decir, "padecemos con" esa persona. Es lógico que así sea, porque quien se ha muerto, en realidad, es ese pedacito de la persona desaparecida que, de alguna manera, llevaba dentro.

Los intentos para salir de esta situación tan desesperante son infinitos. Sin necesidad de que nos estemos volviendo locos, puede que en esta etapa tengamos algunas sensaciones extrañas. Aunque sepamos que no es cierto, tenemos la impresión de que, en realidad, el otro está entre nosotros. Impresión que lleva a muy buen negocio a los espiritistas y a toda esa gente que aprovecha estos momentos, sabiendo que quien está de duelo se encuentra sumamente vulnerable.

Lo malo de esta etapa es la desesperación dolorosa de lo inmanejable. Lo bueno es que pasa y que, mientras pasa, nuestro ser se organiza para el proceso final: el de la cicatrización, que es el futuro último de cada pérdida.

¿Cómo podría prepararme para seguir sin la persona amada si no me encerrara a vivir mi proceso interno? ¿Cómo podría reconstruirme si no me retirara un poco de lo cotidiano?

Eso hacen la tristeza y el dolor por mí; me alejan, para poder llorar lo que debo llorar, y para preservarme de los otros estímulos hasta que esté preparado para recibirlos; me conectan con el adentro para poder volver al afuera y darle un lugar a la aceptación.

El proceso de identificación: un puente a lo que sigue

En el final mismo de la etapa de la desolación uno empieza a sentir cierta necesidad de dar, muchas veces de darle al que se fue. Desde un punto de vista psicodinámico, quizá tenga que ver con salir del odioso cepo de la impotencia que siempre termina incomodándome. Salir de este lugar donde siento que no puedo hacer nada. Esta sensación que es inexplicable pero que, seguramente, tiene que ver con mis lazos vitales con el mundo de lo que amo, es paradójicamente el principio de la salida.

Me identifico con algunos aspectos de lo que no está, y a veces hasta revalorizo con exageración las virtudes reales de lo ausente. Es normal, casi un atajo para poder llegar a la razona-ble crítica posterior.

Después de haber penado y llorado la ausencia, me doy cuenta de que me alegra escuchar un tango cuando antes yo nunca es-cuchaba tangos; que me empieza a gustar cocinar, como a ella le gustaba, cuando en mi vida cociné; o que empiezo a disfrutar de los paseos al aire libre y a probar los dulces caseros que ella dejó y que tanto le gustaban. Siempre termino diciendo: "Pobres de mis padres, siempre los criticaba y ahora yo estoy haciendo lo mis-mo que ellos hacían".

Ésta es la cuota de identificación irremediable con el que no está; que empieza cuando me doy cuenta de cuántas cosas te-níamos de parecidas y termina cuando, sin darme cuenta, em-piezo a hacer lo que yo nunca hacía, como si quisiera terminar de parecerme.

La identificación es un puente para empezar a salir.

¿Por qué?

Porque sin identificación no se podrían hacer algunas ac-ciones que han sido inspiradas por el vínculo que tuvimos.

En esta etapa me animo a la alquimia emocional. Aprender a transformar una energía ligada al dolor en una acción constructiva.

Éste es el comienzo de lo nuevo. Ésta es la reconstrucción de lo vital: lograr que mi camino me lleve a algo que se vuelva útil para mi vida o para la de otros.

Ésta es la etapa fecunda, la de la transformación del duelo do-loroso y aislado en una historia que le dé un sentido adicional a la propia vida.

Si esto se puede hacer, entonces se llegará a la aceptación.

Separarse, asumir que lo que terminó ya no está. Siendo brutal: que el muerto no soy yo. Quiero decir, resituarse en la vida que sigue, aceptando que nada será igual, pero igual será.

Y será distinto y seré diferente, porque algo de lo anterior quedó en mí.

Lacan, un hombre brillante con el que tengo muy pocas coincidencias evidentes y demasiadas coincidencias sustanciales, dijo algo fantástico respecto del duelo:

> Uno llora a aquellos gracias a quienes es.

Y a mí me parece increíblemente sabio este pensamiento, esta idea.

Y aclaro que, a pesar de que parece que estamos hablando de muertes, esto no sucede sólo con el fallecimiento de alguien. Siempre que lloro por la pérdida de un compañero o una compañera de ruta, habrá un camino de lágrimas que transitar. Incluso en el caso de un divorcio (o sobre todo en el caso de un divorcio), incluso cuando sea yo quien aparentemente ha tomado la decisión.

Como señalamos al principio, no importa el tiempo compartido, no importa si te quitaron esto que lloras o no; si lo dejaste por algo mejor o por nada, no importa; el dolor de la pérdida es por la despedida de aquello —persona, cosa, situación o vínculo— gracias a quien, de alguna manera eres.

No tiene sentido querer seguir adelante sin elaborar un duelo después de una pérdida, no tiene sentido pretender que, una vez pasado lo peor, no quede siquiera una cicatriz.

¿Cicatriz?

Sí.

¿Para siempre?

Para siempre.

Entonces... ¿No se supera?

Se supera, pero no se olvida.

Las cicatrices del cuerpo, cuando el proceso de curación es bueno, no duelen y, con el tiempo, se mimetizan con el resto de la piel y casi no se notan pero, si te fijas, están allí.

Cuando hablo de esto, me toco el muslo izquierdo y digo: "Aquí está, ésta es la cicatriz de la herida que me hice cuando me lastimé, yo tenía 10 años. ¿Me duele? No, ni siquiera cuando me toco. No me duele nunca". Pero si miro de cerca la cicatriz... está.

Cuesta trabajo poder soltar lo que ya no tengo; poder desligarme y empezar a pensar en lo que sigue. De hecho, esto es, para mí, el peor de los desafíos que implica ser un adulto sano, saber que puedo afrontar la pérdida de cualquier cosa.

Ésta es la fortaleza de la madurez, la certeza de que puedo afrontar todo lo que me pase, inclusive la idea de que, alguna vez, yo mismo no voy a estar, que no soy infinito, que hay un tiempo para mi paso por este lugar y por este espacio.

...Y el Principito dijo:

—Bien... Eso es todo.

Vaciló aún un momento; luego se levantó y dio un paso...

No gritó. Cayó suavemente, como cae un árbol en la arena. Ni siquiera hizo ruido.

Y ahora, por cierto, han pasado ya seis años... Me he consolado un poco porque sé que verdaderamente el Principito volvió a su planeta, pues al nacer el día no encontré su cuerpo.

Desde entonces, por las noches, me gusta oír las estrellas; son como quinientos millones de cascabeles...

El Principito, de Antoine de Saint-Exupéry

Es mucho y muy perturbador lo que hacemos todos para intentar no soltar, aunque en el fondo sabemos que el único camino que conduce al crecimiento es el de elaborar los duelos que, inevitablemente, vamos a enfrentar y que la historia de nuestras pérdidas es el necesario pasaporte para llegar a lo que sigue.

Si de noche lloras
porque el sol no está,
las lágrimas
te impedirán ver las estrellas.

Rabindranath Tagore

Seguir llorando lo que ya no está me impide disfrutar de esto que tengo ahora.

Enfrentarse con lo irreversible de la pérdida, en cambio, es aceptar el presente, saber que lo que era **ya no es más** o, por lo menos, no es como era.

De hecho, las cosas **nunca** son como eran.

Nunca es lo mismo ahora que antes.

Decía Heráclito:

> Es imposible bañarse dos veces en el mismo río.
> Ni el río trae la misma agua ni yo soy ya el mismo.

No digo cambiar por cambiar, ni dejar por capricho, ni abandonar porque sí; sino darme cuenta de que, cuando algo ha muerto, cuando algo ha terminado, es un buen momento para empezar a soltar.

Asumimos al fin, tarde o temprano, que no podemos seguir eligiendo a quien ya no está. Que si bien es cierto que algo de las personas de mi pasado sigue dentro de mí, deberé ponerme en marcha y no seguir esperando anclado al sitio donde conecté con la pérdida.

El gran desafío es darme cuenta de que, con el dolor a cuestas, debo seguir.

Sobre todo porque, si no sigo adelante, nunca podré encontrar la nueva respuesta a la pregunta...

¿Con quién?

Una pregunta que se contesta una y otra vez desde cada presente de la vida.

Un poco más sobre los cambios

Cada pareja termina de una o de otra manera.

Cada triunfo se acaba.

Cada meta puede volverse inalcanzable.

Cada momento pasará.

Cada vida llega a su fin.

Aunque,

cada vez que algo se va

deja lugar a lo que sigue.

Cada vez que algo llega,
    desplaza a lo anterior, que deja de ser.

Sean los cambios que sean.

Cambios de propósitos, cambios en el modo de vida, cambios en el lugar de residencia, progreso, ascensos, cambios en las relaciones personales, enamoramientos y desenamoramientos, cambios en las posturas ideológicas, religiosas o filosóficas. Y, por supuesto, cambios en la propia salud (deterioro o sanación de enfermedades).

Todos estos procesos y la infinita nómina que cada uno podría agregar implican pequeñas o grandes muertes que no debemos subestimar y que suponen una despedida y una elaboración.

De alguna manera, y aunque a veces nos duela admitirlo, cada día que empieza es también la historia de la pérdida del día anterior. Un día hasta el cual yo era quien fui, porque ya no soy el que era ayer y no volveré a serlo.

Puedo pensar en esto o hacerme el distraído, ignorando la pura verdad. Puedo no querer saber que no soy el mismo o la misma de hace diez años; pero, aunque no me quiera enterar, **no lo soy**: afortunada y lamentablemente las fotos lo demuestran.

¿Es esta persona que hoy soy mejor que la de antes?

Seguramente sí.

Porque soy **aquel que fui más lo vivido.** Y ese agregado es la ganancia (aunque lo ganado a veces pueda no ser del todo deseable para alguien).

Y es importante recordar que capitalizar esta ganancia es necesariamente el resultado de asumir una renuncia, de aceptar una pérdida y aprender a soltar.

Aferrados al recuerdo de mantener y sostener aquello que fuimos, no habrá ninguna posibilidad de crecer ni de aprender ni de llegar a ser la mejor persona que podríamos llegar a ser.

Cuentan que...

Había una vez un derviche que era muy sabio y vagaba de pueblo en pueblo pidiendo limosna y repartiendo conocimientos en las plazas y los mercados del reino.

Un día, mientras mendigaba en el mercado de Ukbar, se le acercó un hombre y le dijo:

—Anoche estuve con un mago muy poderoso y él me dijo que viniera hoy aquí, a esta plaza. Me aseguró que me iba a encontrar con un hombre pidiendo limosna y que ese mendigo, a pesar de su aspecto miserable, me iba a dar un tesoro que iba a cambiar mi vida para siempre. Así que cuando te vi me di cuenta de que tú eras el hombre, nadie tiene peor aspecto que tú... Dame mi tesoro.

El derviche lo mira en silencio y mete la mano en una bolsa de cuero raído que trae colgando del hombro.

—Debe de ser esto —le dice... Y le acerca un diamante enorme.

El otro se asombra.

—Pero esta piedra debe de tener un valor increíble.

—¿Sí? Puede ser, la encontré en el bosque.

—Bien. Ésta es. ¿Cuánto te tengo que dar por ella?

—No tienes por qué darme algo por ella. ¿Te sirve la piedra? A mí no me sirve para nada, no la necesito, llévatela.

—¿Pero me la vas a dar así... a cambio de nada?

—Sí... sí. ¿No es lo que tu mago te dijo?

—¡Ah! Claro. Esto es lo que el mago me dijo... Gracias.

Muy confundido, el hombre toma la piedra y se va.

Media hora más tarde vuelve.

Busca al derviche en la plaza hasta que lo encuentra y le dice:

—Toma tu piedra...

—¿Qué pasa? —pregunta el derviche.

—Toma la piedra y dame el tesoro —dice el hombre.

—No tengo nada más para darte —responde el derviche.

—Sí tienes... Quiero que me des la manera de poder deshacerte de esto sin que te moleste.

Dicen que el hombre permaneció al lado del derviche durante años hasta que aprendió el desapego.

19. EL VÍNCULO ÍNTIMO

Estar en contacto íntimo no significa vivir feliz eternamente. Es comportarse con honestidad y compartir logros y frustraciones. Es defender la integridad, alimentar la autoestima y fortalecer relaciones con los que te rodean. El desarrollo de esta clase de sabiduría es una búsqueda de toda la vida que requiere, entre otras cosas, mucha paciencia.

Virginia Satir

En sus orígenes, el término *vínculo* y el término *afecto* nos remiten a conceptos o acciones que pueden ser tanto negativos como afirmativos, es decir, designan conceptos neutrales. Ninguno de ellos nos hace explícito si el lazo con lo otro es positivo o negativo. Debemos establecer, entonces, que el amor es un vínculo afectivo y que el odio también, y que tanto el placer del encuentro como el dolor del desencuentro nos vinculan afectivamente.

Aquí y ahora nos referiremos casi exclusivamente a los vínculos interpersonales, según Rousseau, la fuente del genuino y primigenio

desarrollo individual, dejando de lado los vínculos que establecemos con lo metafísico (Dios, la fuerza cósmica o la naturaleza) y
también la forma de relacionarnos con los objetos (obras de arte,
una casa, una joya) y con las situaciones (boda, trabajo, viajes).

Se podría decir que establecemos con los demás dos tipos de
relaciones. Por un lado están los vínculos cotidianos sin demasiado
compromiso ni importancia, a los que más que "encuentro" pre-
fiero llamar "cruce": el camino de un hombre y de una mujer se
acercan y se acercan hasta que consiguen casi tocarse; se relacionan, pero en ese mismo momento de unión empiezan a alejarse y
alejarse hasta no verse nunca más. Se han cruzado sin encontrarse.

Existen otros vínculos más intensos y más duraderos. Dos caminos que se juntan y durante un tiempo comparten un trayecto,
andando juntos. A estos encuentros, cuando consiguen, además
de ser profundos, ser trascendentes, me gusta llamarlos vínculos íntimos.

Siempre digo que la vida es una transacción no comercial, una
transacción a secas donde uno da y recibe. La intimidad está muy
relacionada con aquello que doy y con aquello que recibo. Y esto
es algo que, a veces, cuesta aprender.

El mundo está lleno de los que no saben dar nada y andan
reclamando de todo, pero también de aquellos que dan todo el
tiempo sin permitir que les den nada, creyendo a veces que con
su sacrificio están contribuyendo a sostener el vínculo (si supie-
ran lo odioso que es estar al lado de alguien que no se permite
recibir, se llevarían una sorpresa).

Una cosa es no pedir nada a cambio de lo que doy y otra muy
distinta es negarme a recibir algo que me dan o rechazarlo porque

yo decidí que no me lo merezco. Muy en el fondo, el mensaje que le llega al otro es "lo que das no me sirve", "tú no sabes", "lo tuyo no vale" o "tú opinión no me importa".

Hay que saber el daño que hacemos cuando nos negamos sistemáticamente a recibir lo que desde el corazón quieren darnos.

La transacción abierta, continua y generosa, representada por la entrega mutua, es el mejor, si no el único, pasaporte a la intimidad.

Yo no creo que todos los encuentros deban terminar siendo relaciones íntimas, pero sostengo que sólo éstas tienen verdadero sentido en el camino de realizarse como persona...

Si soy honesto, sólo aquellos con los que puedo intimar tienen abierta la puerta para ingresar a la lista que responde a la última pregunta: "¿De quién voy a acompañarme, por lo menos en este momento de mi vida?".

La intimidad como desafío

No me refiero a la intimidad como sinónimo de privacidad ni de vida sexual, no hablo de la cama o de la pareja, sino de todos los encuentros trascendentes. Hablo de las relaciones entre amigos, hermanos, hombres y mujeres, cuya profundidad permita pensar en algo que va más allá de lo que en el presente comparten.

Las relaciones íntimas tienen como punto de mira la idea de no quedarse en la superficie, y es esta búsqueda de profundidad la que les da la estabilidad para permanecer y trascender en el tiempo.

Una relación íntima es un vínculo afectivo que sale de lo común porque empieza en el acuerdo tácito de la cancelación del miedo a exponernos y en el compromiso de ser quienes somos.

La palabra "compromiso" viene de "promesa", y da a la relación una magnitud diferente. Un vínculo es comprometido cuando está relacionado con honrar las cosas que nos hemos dicho, con la posibilidad de que yo sepa, anticipadamente, que puedo contar contigo. Sólo sintiendo honestamente el deseo de que me conozcas, puedo animarme a mostrarme tal como soy, sin miedo a ser rechazado por tu descubrimiento de mí.

Al decir de Carl Rogers:

> Cuando percibo tu aceptación total, entonces y sólo
> entonces, puedo mostrarte mi yo más amoroso,
> mi yo más creativo, mi yo más vulnerable.

La relación íntima me permite, como ninguna, el ejercicio absoluto de la autenticidad.

La franqueza, la sinceridad y la confianza son cosas demasiado importantes como para andar regalándoselas a cualquiera.

Siempre digo que hay una gran diferencia entre sinceridad y "sincericidio" (decirle a mi jefe, con quien tengo desde siempre una relación tortuosa, que tiene cara de caballo, se parece más a una conducta estúpida que a una decisión filosófica).

En la vida cotidiana no ando mostrándole a todo el mundo todo lo que soy ni todo lo que pienso, porque la total sinceridad es una actitud tan privada que hay que reservarla sólo para algunos vínculos.

Intimidad implica entrega y supone un entorno suficientemente seguro como para abrirnos. Sólo en la intimidad puedo darte todo lo que tengo.

Porque la idea de la entrega y la franqueza tiene un problema. Si yo me abro, quedo en un lugar forzosamente vulnerable.

Desde luego que sí, la intimidad **es** un espacio vulnerable por definición y, por lo tanto, inevitablemente arriesgado. Con el corazón abierto, el daño que me puede hacer aquel con quien intimo es mucho mayor que en cualquier otro tipo de vínculo.

La entrega implica quitarme la coraza y quedarme expuesto, blandito y desprotegido.

Intimar es darle al otro las herramientas y la llave para que pueda hacerme daño teniendo la certeza de que no lo va a hacer.

Por eso, la intimidad es una relación que no se da rápidamente, sino que se construye en un proceso permanente de desarrollo y transformación.

En ella, despacio, vamos encontrando el deseo de abrirnos, vamos corriendo uno por uno todos los riesgos de la entrega y de la autenticidad, vamos desvelando nuestros misterios a medida que conquistamos más espacios de aceptación y apertura.

Una de las características fundamentales de estos vínculos es el respeto por la individualidad del otro.

La intimidad sucederá solamente si soy capaz de soslayarme, regocijarme y reposarme sobre nuestras afinidades y semejanzas, mientras reconozco y respeto todas nuestras diferencias.

De hecho, puedo intimar únicamente si soy capaz de darme cuenta de que somos diferentes y si tomo no sólo la decisión de aceptar eso distinto que veo, sino, además, la determinación de hacer todo lo posible para que puedas seguir siendo así, diferente, como eres.

> Las semejanzas llevan a que nos podamos encontrar.
> Las diferencias permiten que nos sirva estar juntos.

Por supuesto que también puede pasar que, en este proceso, cuando finalmente esté cerca y consiga ver con claridad al pasajero dentro del carruaje, descubra que no me gusta lo que veo. Puede suceder y sucede. A la distancia, el otro me parece fantástico, pero al poco tiempo de caminar juntos me voy dando cuenta de que, en realidad, no me gusta en absoluto lo que empiezo a descubrir.

La pregunta es: ¿Puedo tener una relación íntima con alguien que no me gusta?

La respuesta es NO.

Para poder construir una relación de intimidad hay ciertas cosas que **tienen** que pasar.

El trípode de la intimidad

Tres aspectos de los vínculos humanos son el trípode de la mesa en la cual se apoya todo, lo que constituye una relación intima.

Esas tres patas son:

- Amor
- Atracción
- Confianza

Uno puede estudiar y trabajar para comunicarse mejor, uno puede aprender a respetar al otro porque no sabe, uno puede aprender a abrir su corazón... Pero hay cosas que no se aprenden porque no se hacen, sino que suceden.

Hay cosas que tienen que pasar y pasan o no, más allá de nuestra decisión...

Para acceder a este desafío hay que aceptar que el amor, la atracción y la confianza son cosas que suceden o que no suceden. Y que, si no suceden, la relación puede ser buena, pero no será íntima ni trascendente.

Y esto no sería tan severo si no fuera porque, además, para que la intimidad perdure, el trípode donde se apoya la relación debe permanecer firme. Como en todos los trípodes, cualquier pata que falte desmorona todo lo que sobre él se apoya.

La intimidad requiere que te siga queriendo, que pueda confiar en ti y que me siga sintiendo atraído por como eres; además de que a ti te ocurra lo propio. Lo peor es que, como dijimos, ninguno de estos tres elementos (amor, confianza y atracción) dependen de nuestra voluntad. Yo no puedo (y nadie puede) elegir que suceda ninguna de estas tres cosas. Se dan o no se dan, no dependen de mi decisión. Por mucho que me esfuerce, no hay nada que pueda hacer si no me pasa.

Por eso, la intimidad es algo que se da cuando, en una relación de dos, a ambos nos están pasando estas tres cosas: nos queremos, confiamos el uno en el otro y nos sentimos atraídos. El resto, todo el resto, lo podemos construir.

Ni siquiera podemos hacer nada para querer a alguien que ya no queremos, para que nos guste alguien que ya no nos gusta ni para confiar en alguien en quien ya no confiamos.

Por supuesto, no estoy diciendo que sentir o no sentir estas tres cosas sea independiente de lo que el otro es o hace. Lo que digo es que yo no puedo hacer nada para quererte, para que me atraigas o para confiar en ti; pero sí puedo hacer cosas para que tú te des cuenta de que soy confiable, y puedo hacer cosas para tratar de agradarte, cosas para despertar en ti el amor por mí mismo.

Dicho de otra forma: mi afecto, mi atracción y mi confianza dependen mucho más del otro que de mí mismo.

Del amor hemos hablado y seguiremos hablando, pero quiero ocuparme ahora de las otras dos patas de esta mesa.

La atracción

Para que haya una verdadera relación íntima, el otro me tiene que atraer.

No importa si es un varón, una mujer, un amigo, un hermano... El otro tiene que ser atractivo para mí. Me tiene que gustar lo que veo, lo que escucho, lo que el otro es. No todo, pero me tiene que gustar.

Si en verdad el otro no me gusta, si no hay nada que me atraiga, podremos tener una relación cordial, podremos trabajar juntos, podremos cruzarnos y hacer cosas de a dos, pero no vamos a poder intimar.

Puede ser que no te guste lo que lees, pero para intimar hacen falta muchas cosas: apertura, confianza, capacidad para exponerse, vínculo afectivo, afinidad, comunicación, tolerancia mutua, experiencias compartidas, proyectos en común, deseo de crecer juntos y, además, por si fuera poco, atracción.

Quiero decir que es necesario que la persona que es el otro me guste, y si es mucho, mejor.

Esta atracción, deseo o impulso no necesariamente debe ser físico. Puede gustarme su manera de decir las cosas, su manera de hacer, su pensamiento, su corazón. Pero repito, la atracción tiene que estar.

Existen algunas parejas a las que les gustaría mucho intimar, pero se encuentran con que, si bien es cierto que se quieren muchísimo y que pueden confiar el uno en el otro, algo ha pasado con la posibilidad de gustarse mutuamente: se ha perdido. Entonces llegan a un consultorio, hablan con una pareja amiga o con un sacerdote y dicen: "No sabemos qué nos pasa, nada es igual, no tenemos ganas de vernos, no sabemos si nos queremos o no". Y, a veces, lo único que pasa es que la llama de la atracción se ha apagado hace tiempo.

Explorar la atracción:
un ejercicio un poco peligroso

Elijan a alguien con quien crean que tienen una relación íntima y hagan cada uno por separado una lista de todo lo que creen que hoy les atrae de esa persona. Atención: digo HOY. No lo que les atrajo allá y entonces, sino lo que les gusta de ese otro **ahora**. Después, siéntense un largo rato juntos y compartan sus listas. Aprovechen para decírselo en palabras. Es tan lindo escuchar al otro decir: "Me gusta de ti...".

De las tres patas, la de la atracción tiene una característica especial y un poco amenazante: es la única que no tiene memoria.

Yo no puedo sentirme atraído por lo que fuiste, sino por lo que eres.

Sin embargo, yo recuerdo aquel día en que te conocí. Pienso en ese momento y se me alegra el alma al rememorar. Es verdad; pero eso no es atracción, es nostalgia.

Puedo amarte por lo que fuiste, por lo que representaste en mi vida, por nuestra historia. De hecho, confío en ti por lo que ha pasado entre nosotros, por lo que has demostrado ser. Pero, aunque sea doloroso, debemos aceptar que la atracción funciona en el presente o no está, porque es amnésica.

La confianza

La tercera pata de la mesa es la confianza, y hablar de ella requiere la comprensión de algunos conceptos previos.

Hace muchos años, cuando pensaba por primera vez en estas cuestiones para la presentación del tema en las charlas de docencia terapéutica, diseñé un esquema que, a pesar de no representar fielmente la realidad absoluta (como todos los esquemas), nos permitirá, espero, comprender algunas de nuestras relaciones con los demás.

Digo que es justamente el manejo de la información que poseemos sobre lo interno y lo externo lo que clasifica los vínculos en tres grandes grupos:

- Las relaciones cotidianas
- Las relaciones íntimas
- Las relaciones francas

En las relaciones del primer grupo, que son la mayor parte de ellas, yo soy el que decido si soy sincero, si miento o si oculto. Es mi decisión y no las reglas obligadas del vínculo, la que define mi acción.

¿Pero cómo? ¿Es lícito mentir? Veinte años después sigo pensando lo que escribí en *Cartas para Claudia*:

El hecho de que yo sepa que podría mentirte es lo que hace valioso que te sea sincero.

En las relaciones íntimas, en cambio, no hay lugar para la mentira. Puedo decir la verdad o puedo ocultarla, pero, por definición, estas relaciones no admiten la falsedad.

Pero ¿cuál es la diferencia entre mentir y ocultar?

Ocultar, en el sentido de no decir, es parte de mi libertad y de mi vida privada. Y tener una relación íntima con alguien no quiere decir terminar con mi libertad ni con mi derecho a la privacidad. Intimar con alguien no significa que yo no pueda reservar un rinconcito para mí solo.

Si yo tengo una relación íntima con alguien, parte del pacto es que no le miento ni me miente, si bien puede haber espacios que no deseo compartir. ¿Qué hago cuando me pregunta algo sobre esos temas?

No quiero contarle y tampoco quiero mentirle.

Tengo una relación íntima, un vínculo que permite ocultar, pero no mentir, entonces digo, simplemente: "Lo siento. No quiero contarte".

Cuidado con cambiarlo por "no puedo contarte", sonaría más suave, pero es mentira.

¿No sería más fácil una pequeña mentira sin importancia en lugar de tanta historia? Claro que sería más fácil. Pero aunque parezca menor, esa sola mentira derrumbaría toda la estructura de nuestra intimidad. Si vas a tomarte el derecho de decidir cuándo es mejor una pequeña mentira, entonces nunca podré saber cuándo me estás diciendo la verdad.

En este nivel vincular yo no puedo saber si me estás diciendo toda la verdad, pero tengo la certeza de que todo lo que me estás diciendo es cierto, por lo menos para ti.

Respecto del último estrato, el de la franqueza, reservo este espacio para aquellos vínculos excepcionales, uno o dos en la vida, que uno establece con su amigo o su amiga del alma. Un vínculo donde ni siquiera hay lugar para ocultar.

Cuando, en términos de intimidad, hablo de confianza, me refiero a la certeza a priori de que no me estás mintiendo. Puede ser que decidas no contarme algo, que decidas no compartirlo conmigo, es tu derecho y tu privilegio, pero no me vas a mentir; lo que decidas decirme es lo que honestamente tú crees que es la verdad. En una relación íntima la reciprocidad es imprescindible. Si te digo algo, puedo estar equivocado, pero puedes tener la certeza de que no te estoy mintiendo.

> La confianza en una relación íntima implica un grado
> de sinceridad tal que ninguno de los dos contempla
> la posibilidad de una mentira entre ambos.

Si falta cualquiera de estas tres patas, la intimidad es imposible. Y tanto es así que, si en una relación construida en intimidad, por alguna razón, desaparece el afecto, se termina la confianza o se esfuma la atracción, la intimidad conquistada se derrumba. El vínculo puede seguir siendo una buena relación interpersonal, un vínculo nutritivo o agradable, pero no tendrá más las características ni el vuelo de una relación trascendente.

20. LA PAREJA

Si pensamos en la relación de pareja como un vínculo que une a dos personas (en principio) para el resto de sus vidas, podemos comprender por qué alrededor de estas relaciones gira gran parte de lo que se podría decir respecto de la importancia de "¿con quién?".

Posiblemente por eso, desde que existe el concepto de intimidad se ha identificado a la pareja como el vínculo íntimo por excelencia, aunque de libertad y apertura los usos y costumbres le conceden bastante poco.

En el último siglo, la sociedad parece estar enseñando con cierta alevosía que la pareja es necesariamente una especie de antesala del matrimonio, éste un pasaporte a la familia y ésta, a su vez, la garantía de reclusión perpetua (hasta que la muerte los separe); un vínculo en el que, además, se supone que deberíamos ansiar entrar, como si fuera la suprema liberación.

El mecanismo que en realidad se propone opera si se le deja fluir, más o menos así (aunque se intente esconder algunos matices):

Uno escoge una pareja, se hacen novios, acuerda una fecha de boda, participa de la ceremonia e ingresa con su cónyuge en la prisión llamada con cierta ironía el "nidito de amor". Llegados allí, uno le echa el primer vistazo sincero al compañero o compañera de cuarto. Si le agrada lo que ve, se queda allí. Si no es así, empieza a planear su escape de prisión para salir a buscar otra pareja, sin necesidad de vivir esto como un fracaso (porque somos "una sociedad moderna") y rogando tener mejor suerte o reclamando ayuda para aprender a elegir mejor.

Todo sucede como si la solución del problema de la insatisfacción en la vida de las parejas desdichadas, planteada modernamente por la sociedad que supimos construir, fuera separarse, comenzar otra vez con otra persona "mejor para uno". Es en ese sentido que se le sugiere al ochenta por ciento de todas las parejas que su desencuentro es siempre consecuencia de la incapacidad o el error de cada uno, que no supo encontrar "la persona adecuada", como si de eso dependiera toda la funcionalidad del vínculo.

Esta solución universal no sólo es una falsa opción, inútil en todo sentido, sino que además, por el hecho de hacer que la felicidad conyugal dependa exclusivamente de elegir bien al *partenaire*, empuja a todos a que, frente a las dificultades, salgan a reparar ese "error" en lugar de sanar el vínculo con su pareja actual.

Dicen algunos que los terapeutas somos siempre capaces de encontrar un problema a cada solución. Este caso no es una excepción. Hay más de un problema con esta solución, empezando por el hecho de que el cambio de destino carcelario es siempre muy doloroso. Hay que repartir los bienes, los males, los hijos y los regalos. Hay que pasar por el dolor de abandonar los sueños, soportar tener que dejar para siempre algunos lugares y resignarse a perder algunos amigos. Como si esto fuera poco, hay que vivir con el residuo del miedo a la intimidad y con la desconfianza de que las siguientes relaciones también puedan fallar. Ni qué decir del daño emocional a los otros habitantes del nido, si los hay. Los hijos, que muchas veces se imaginan que son de alguna forma responsables de esa ruptura, son arrastrados y obligados a permanecer en el rol de trofeos disputados, terminarán preguntándose, de cara a su propio dolor, si valdrá la pena, cuando sean mayores, transitar el proyecto de construir una familia.

¿Cuál es la otra solución? ¿Permanecer prisionero, cerrar la puerta con llave, abrir una pequeña ventana por donde espiar la vida y conformarse con mejorar un poco la relación matrimonial durante el resto de nuestra existencia, deseando secretamente que no sea demasiado larga?

Estoy seguro de que no, pero como terapeuta he conocido a muchos que optaron por este camino. En el mientras tanto, aprendieron a sobrevivir en un matrimonio hueco, se llenaron de kilos, de alcohol, de drogas, de trabajo, de televisión, de amantes o de fantasías de infidelidad.

Existe un enfoque de las relaciones amorosas más alentador y, a mi modo de ver, más preciso.

La pareja no es un estado inmutable de dos personas que no cambian. Es más bien un viaje por un camino elevado psicológica y espiritualmente que comienza con la pasión del enamoramiento, que vaga a través del escarpado trecho de descubrirse y que culmina en la creación de una unión íntima, divertida y trascendente, capaz de renovarse en la reelección mutua, una y otra vez, durante toda la vida.

La construcción de un vínculo de este tipo no se apoya en la habilidad para poder conquistar al compañero o a la compañera perfecta ni en la suerte de cruzarse algún día con la persona ideal, sino en el continuo trabajo de construir una relación adulta, sana y nutritiva que empiece por desandar **la falsa creencia heredada del amor como prisión.**

La pareja no es una prisión, ni un lugar donde engancharse o quedar atrapado, sino un camino de desarrollo para dos. Un camino elevado y quizá arriesgado. Pero, sin duda, uno de los más hermosos y nutritivos caminos que se pueden escoger.

Redefinir la pareja significa hablar sobre amor, sobre atracción y sobre confianza. Un amor que, como está dicho, es un sentimiento idéntico a los otros amores y se define como el genuino interés por el bienestar del otro. Una atracción que suma lo vertical de mi capacidad de valorar tu manera de ser a lo horizontal de mi deseo. Una confianza centrada en la ausencia de mentiras, ni siquiera piadosas.

¿Cómo se elige?

¿Por qué una persona decide ponerse en pareja con otra?

Algunos neurobiólogos reducen todos los exámenes del amor a la motivación fisicoquímica del impulso sexual.

Muchos conductistas dicen que el amor no es otra cosa que una respuesta emocional ante otro por quien se siente físicamente atraído y que, por ello, la acción de amar abarca gran parte del comportamiento, incluso cuidar, escuchar, ocuparse de alguien, preferir a otros. Los poetas parecen considerar el amor como la manifestación de un estado interno hacia el amado que, sin importar cómo se manifieste, tendrá como finalidad el alivio catártico de un enamorado que ya no es dueño de sus actos.

Teoría de la preservación de la especie

La ciencia propone cierta "bio-lógica" en la elección de pareja. Los hombres se sienten naturalmente atraídos por mujeres jóvenes, de piel suave, ojos vivaces, cabello brillante, buena estructura ósea, labios rojos, mejillas rosadas y senos turgentes, no en razón de lo que está de moda, sino porque estas características indican, según los biólogos, una buena salud y buen nivel hormonal, signos de que una mujer se encuentra en el mejor momento para procrear. Las mujeres, parece ser, escogen desde otro lugar. La juventud y la salud no son esenciales para la función reproductora masculina y quizá por eso ellas buscan como pareja hombres asertivos, fuertes, dominantes y de gran resistencia emocional: garantías de supervivencia y sustento del grupo familiar.

Teoría de mercado de virtudes y defectos

La idea básica de la teoría de intercambio es que elegimos la pareja que pensamos que se adaptará a nosotros. Evaluamos y nos fijamos mutuamente en el atractivo físico, el nivel económico y el rango social de cada uno, lo mismo que en varios rasgos de la personalidad tales como la amabilidad, la creatividad y el sentido del humor. Con la velocidad de una computadora, sumamos las calificaciones y, si los números son aproximadamente equivalentes, una luz verde se enciende y avanzamos. Según los psicólogos sociales, se evalúa la juventud, la belleza, el rango social, la situación económica y el buen humor.

Teoría del reconocimiento

La teoría de la búsqueda de reconocimiento sostiene que el factor importante en la elección de pareja es la forma en que la relación con ese otro podría incrementar nuestra valoración de nosotros mismos. Muchas veces es simplemente la búsqueda del valor adicional que me confiere ser el elegido por el que es codiciado por otros, una búsqueda del placer narcisista.

Lacan cree que, en última instancia, el deseo permanente del ser humano es encontrar a alguien que me pueda dar lo que alguna vez tuve de mi madre, ser uno con ella, ser uno con él. Por eso dice Lacan: "El amor es pedirle un imposible a alguien que no existe".

Teoría del enriquecimiento espiritual

La visión espiritualista del amor incorpora las nociones místicas de todos los tiempos y culturas. Encontramos otro con quien compartimos la sensación de ser incompletos y nos valemos de nuestras ventajas para completarnos, para complementarnos, para formarnos. El contacto con el otro nos permite indagar en nuestras carencias, buscar, darnos cuenta, cambiar, crearnos, descubrirnos mejores.

La pareja permite que yo me descubra y tenga el placer de ayudar a que el otro se descubra. En este encuentro los dos marchamos hacia la meta de la individualidad, pero juntos.

Teoría del 1 + 1= 3

El encuentro como renuncia al aislamiento de la personalidad individual conduciéndola y potenciándola hasta el "nosotros". Ser uno con el otro, para construir un yo superior, más elevado y poderoso.

Platón cuenta que los seres humanos fueron alguna vez mitad masculinos y mitad femeninos; de hecho, tenían dos caras, cuatro manos y genitales de ambos sexos. Esta unidad, parece ser, los volvía extremadamente poderosos, y estos hermafroditas empezaron a desafiar a los dioses. El Olimpo no era un lugar donde vivieran deidades capaces de tolerar las rebeldías, así que los dioses decidieron matar a los humanos. Cuenta el mito que, en el último momento, una toma de conciencia narcisista los frenó: "Si los matamos a todos no habrá quien nos adore y nos ofrezca sacrificios". Zeus ideó la solución: "Cortaré a cada uno de los humanos en dos mitades, así su fuerza disminuirá y no habrá más peligro ni más desafíos". La idea fue aplaudida y la escisión tuvo lugar. Los humanos, divididos en hombres y mujeres, empezaron a poblar la tierra y el tiempo volvió luego invisibles las heridas. Sin embargo, cuenta la leyenda que el esfuerzo de todo el Olimpo no pudo evitar que quedara algo del recuerdo de aquella unidad y que, por eso, los seres humanos siguen buscando permanentemente su otra mitad, para recuperar su fuerza y sentirse otra vez completos...

Teoría del rol complementario

Con aportes de muchas escuelas psicoterapéuticas, esta teoría intenta demostrar que la búsqueda de la pareja tiende a encaminarse hacia las personas que sean más capaces de desempeñar el rol que complementa y sostiene nuestras neurosis. Es decir, buscamos a aquellos y aquellas con quienes reproducir la situación de conflicto internalizada que define quiénes somos o reafirma la vigencia de nuestro argumento de vida. Para conseguirlo busco y encuentro personas a quienes pueda percibir como capaces de actuar de forma similar a los personajes de mi historia infantil. Quiero decir, personas suficientemente parecidas, casi siempre, a alguno de mis padres, por identidad o por oposición.

Un gran trabajador de los condicionamientos de nuestra conducta, John Bradshaw, conmovió al mundo cuando desarrolló su concepto del niño herido. Simplificando al extremo la idea, se diría que cada uno de nosotros ha dejado la infancia con el registro del daño recibido a manos de los mayores (violencia, desprecio, desamor, maltrato) y hemos archivado esas lastimaduras en una estructura que Bradshaw llama "el niño interior", interiorización del niño que alguna vez fuimos que sigue sufriendo por aquellas heridas y busca sanarlas. Desde esta visión, si no me ocupo de reparar por mí mismo ese condicionamiento, terminaré eligiendo a mi pareja entre aquellos que creo que pueden hacerse cargo de ese niño.

La teoría del complemento sustenta también, de alguna manera, la tesis desarrollada en el libro que escribí con Silvia Salinas, *Amarse con los ojos abiertos*.[1] Decíamos allí que son las diferencias

1   Jorge Bucay y Silvia Salinas, *Amarse con los ojos abiertos*, Océano, México, 2000.

las que nos permiten utilizar los conflictos como herramientas de nuestro crecimiento y para poder enriquecernos con todo aquello de lo que el otro es capaz y nosotros no...

Y podríamos seguir enunciando teorías que intentan explicar el encuentro de dos que deciden armar una pareja... Pero hay un aspecto enigmático relacionado con la selección de pareja que ninguna teoría termina de explicar.

Durante el curso de la vida, conocemos miles de personas, y es lógico pensar que cientos de ellas eran muy atractivas físicamente o tenían el suficiente éxito como para llamar nuestra atención.

Cuarenta o cincuenta de ellos tendrían una "puntuación" combinada igual al mínimo para clasificarse o superior. Lógicamente podríamos vincularnos afectivamente con varios o varias. Y, sin embargo, no sucede. La mayoría de los individuos solamente se han sentido profundamente atraídos, a lo largo de su vida, por algunas pocas personas. Algo falta en las teorías.

Y creo que lo que falta es justamente lo inexplicable, el verdadero misterio, la magia.

Porque es ciertamente inexplicable que alguien "pierda la cabeza" por otra persona, que alguien no pueda pensar en otra cosa que el amado, que alguien llore durante semanas esperando una llamada de cumpleaños que no llegó... Estas emociones violentas e irracionales pueden suceder únicamente cuando ese alguien está enamorado.

La locura transitoria

Estar enamorado no es amar, porque amar es un sentimiento y estar enamorado es una pasión.

Las pasiones, por definición, son emociones desenfrenadas, fuertes, absorbentes, intensas y fugaces como el destello de un flash, capaces de producir transitoriamente una exaltación en el estado de ánimo y una alteración de la conciencia del mundo del apasionado.

Hay que entender esto para poder diferenciar después el enamoramiento del amor.

Este caos emocional tiene, lamentable y afortunadamente, una duración muy corta; digo lamentablemente porque mientras lo vivimos nos gustaría, a pesar de todo, permanecer en la fascinante intensidad de cada una de las vivencias, y digo afortunadamente porque creo que nuestras células explotarían si este estado se prolongara más allá de unas cuantas semanas.

Inmerso en esa pasión perturbadora, nadie puede hacer otra cosa que no sea sentir, pensar o recordar a la persona de la cual está enamorado.

Se trata pues de un estado fugaz de descentramiento (uno cree que el centro de la vida de uno es el otro), una especie de locura transitoria que, como dije, se cura sola y, en general, sin dejar secuelas.

Durante el tiempo que dura el enamoramiento (dicen los libros entre cinco minutos y tres meses, no más), uno vive en función del otro: si llamó, si no llamó, si está, si no está, si me miró, si no me miró, si me quiere, si no me quiere...

Estar enamorado es enredarse en un doloroso placer, el de la disolución en el otro.

Si nos detuviéramos a pensarlo en serio, nos daríamos cuenta de lo amenazante para nuestra integridad que sería vivir en ese estado.

Juan Carlos Benítez, un escritor costarricense, describe la felicidad de estar enamorado en un texto que creo maravilloso:

Cuando estaba enamorado, había mariposas por todas partes, la voluptuosidad de la pasión me carcomía la cabeza. Durante todo ese tiempo no escribí, no trabajé, no me encontré con los amigos. Vivía pendiente de los movimientos o de la quietud de mi amada; consumía montañas de cigarrillos y toneladas de vitaminas, me afeitaba dos y hasta tres veces por día; hacía dietas, caminatas. Me perseguía hasta la certeza la paranoia del engaño, pensaba todo el tiempo en besarla, en mirarla, en acariciarla. Durante semanas gasté demasiado dinero, demasiada esperanza, demasiada crema para el sol, demasiado esperma y demasiado perfume. Escuchaba demasiada música clásica, utilizaba demasiado tiempo, consumí toda mi tolerancia y agoté hasta la última de mis lágrimas. Por eso siempre digo recordando esos momentos: nunca he sufrido tanto como cuando era feliz.

Amar y estar enamorado

La confusión reinante entre estos dos términos, más la malintencionada idea de homologarlos, ha sido y es causante de horribles desencuentros en las parejas.

"Ya no es como antes..." "Las parejas con el tiempo se desgastan..." "Ya no estoy enamorado... me voy." Éstas son algunas de las frases que escucho en mi consultorio y leo en los medios, apoyadas en la idea de que los matrimonios deberían continuar enamorados "como el primer día". Es muy lindo pensarlo posible, y a uno le gustaría creérselo, pero es mentira.

El estado ideal de una pareja no es el de aquellos primeros meses en los que estaban enamorados, sino el de todo el tiempo en que se aman en el sentido cotidiano, verdadero.

Probablemente, desde la fantasía, a mí me gustaría estar enamorado de mi esposa después de treinta años, porque estar enamorado es algo realmente encantador. Aunque, con toda seguridad, si yo estuviera enamorado de mi esposa, de verdad enamorado de mi esposa, en este preciso momento no estaría escribiendo este libro.

Si yo estuviera enamorado, sentiría que esto y cualquier otra cosa que no la incluya directamente es perder el tiempo.

Si yo estuviera enamorado en este preciso momento no tendría nada de ganas de estar aquí escribiendo, porque estaría pensando en estar allá, en encontrarme con ella o, en todo caso, en escribirle un poema, pero siempre alrededor de ella, porque ella sería el centro de mi vida.

Cuando en un vínculo que comienza con esa pasión, estar enamorado da paso al amor, todo sale bien. De hecho, nada mejor podría pasarnos.

Pero cuando no conduce allí, el desenamoramiento sólo deja detrás de sí una sensación de ciudad devastada, de ruina emocional, del dolor de la pérdida, del agujero de la ausencia.

Y uno se pregunta: **¿Por qué se terminó?** ¿Porque no era cierto? ¿Porque era poco? ¿Porque era mentira?

No. Se terminó simplemente porque era una pasión.

Es inútil aportar datos para explicar la magia, pero me atrevo al menos a establecer dos hechos que son necesarios para poder enamorarse:

1. Por un lado, el otro debe tener (o yo debo imaginar que tiene) una virtud o cualidad que yo sobrevaloro.
2. Y, por otro, yo tengo que estar en predisposición "enamoradiza". Quiero decir, dispuesto a perder el control racional de mis actos enamorándome.

Si bien este concepto parece estar en contra de nuestra idea de que enamorarme me pasa más allá de mi deseo, no sucede así antes del enamoramiento. Antes, si yo no estoy dispuesto a dejarme arrastrar por la pasión, si no estoy decidido a vivir descentrado, si me niego a perder el control, ese enamoramiento no sucede.

Otra vez es importante definir de qué hablamos. Una cosa es estar enamorado y otra es ser un idiota irresponsable. Obviamente son cosas muy diferentes.

Para reírnos de nuestra confusión agregaría que una cosa es ser un soñador y otra es no despertarse para ir al trabajo; una cosa es que yo te mire con ojos embelesados y parezca un bobo, y otra muy distinta que yo sea un bobo y que mis ojos parezcan embelesados.

De todas maneras, convengamos que durante los fugaces momentos de pasión, uno parece abrir su corazón a una realidad mayor y vive cada pequeño hecho con una intensidad que posiblemente añore cuando la pasión se termine.

Al decir del poeta:

En el corazón tenía
la espina de una pasión.
Logré arrancármela un día.
Ya no siento el corazón.

[...]
Aguda espina dorada
quién te pudiera sentir
en el corazón...
clavada.

Antonio Machado

Repito. Estar enamorado y amar son dos cosas maravillosas. Te deseo que disfrutes de ambas y que puedas no confundirlas.

Amar es fantástico porque, si bien no tiene la intensidad de las pasiones, tiene una profundidad de la que el enamoramiento carece.

Es por esa profundidad que el amor es capaz de aportar estabilidad al vínculo pagando con la desaparición del embrujo y la fascinación. Porque se puede amar con los pies sobre la tierra, mientras que estando enamorado se vive en las nubes. No hay que olvidar que no se elige una compañera o compañero de ruta desde la pasión, sino desde el amor.

**La decisión más amorosa NO es la de morir
por alguien, sino la de vivir para disfrutar juntos.**

Fidelidad

Estudiando psicología comparada para encontrar raíces de la conducta humana en la animal, observamos algunos hechos muy simbólicos que sirven para pensar en nuestros hábitos monogámicos.

Vitus Dröscher nos enseña que sea cual sea la especie animal estudiada nos encontramos con una norma: cuando uno de los dos, el macho o la hembra, es más agresivo que el otro, la comunidad se organiza en harenes. Por ejemplo, entre los leones, donde el macho es más agresivo que la hembra, cada macho se aparea con varias leonas que "le pertenecen". Entre las arañas, en cambio, donde la agresiva es la hembra, sucede al revés: cada hembra tiene varios machos que le sirven.

Ahora bien, si ninguno de los dos individuos de la especie es tendencialmente agresivo, entonces se organizan en comunidades. Todos los machos se relacionan sexualmente con todas las hembras y las crías pertenecen a la manada. Pero lo más sorprendente es que, cuando vemos una especie en la que macho y hembra son agresivos, entonces el esquema sexual y procreativo es la monogamia.

Pensemos en nosotros. Traslademos este esquema a la raza humana.

Aquellas culturas donde el hombre detenta cierta agresividad y tiene un lugar hegemónico respecto de la mujer, por ejemplo en las viejas culturas de Oriente, tienen una estructura en la que el hombre posee varias esposas. Por el contrario, en el mito de las amazonas, donde la mujer guerrera juega el papel hegemónico, son las mujeres las que sostienen harenes de hombres.

En los años sesenta, durante el movimiento *hippie*, partidario de la no-violencia, hombres y mujeres vivían en comunidad. Los miembros del grupo mantenían relaciones no excluyentes entre ellos y los hijos pertenecían a la comunidad.

La mayor parte de la sociedad se apoya en estructuras sociales monogámicas. ¿Qué te parece que dice esto de nuestra agresividad?

La fidelidad forma parte de nuestros valores sociales declarados. Quiero decir, está más que claro que en esta cultura y en este momento es así, pero si me centro en lo visto con los animales, no me atrevo a asegurar que dentro de treinta años esto siga vigente.

Si nos damos cuenta de que la palabra infiel quiere decir "el que no cree", podremos concluir, quizá acertadamente, que el miembro de una pareja que busca una relación fuera del vínculo no cree que dentro de él pueda encontrar lo que está buscando. Pienso ahora que cuando mi abuela decía "busca fuera el marido lo que no encuentra en el nido", todos nos reíamos porque nos parecía una tontería de la vieja. Hoy, medio siglo después, me encuentro yo diciendo casi lo mismo...

El que es infiel no le es infiel al otro, sino a su vínculo de pareja.

Tanto un hombre como una mujer salen a buscar fuera de la pareja cuando creen que obtendrán algo que suponen que no pueden encontrar en su vínculo actual (a veces ese "algo" es pasión, romance y aventura, pero otras es peligro, novedad y juego).

Y si bien puedo asegurarte que no somos los hacedores de lo que sentimos, somos dueños de todas nuestras acciones, de la primera a la última.

Y, por lo tanto, no somos responsables de las emociones, pero sí de lo que hacemos con las emociones.

Cada quien se involucra hasta donde quiere en un vínculo que elige, y por eso la fidelidad que se elige desde la libertad es tan valiosa.

Sin la libertad de elegir no puede haber un vínculo amoroso. Siempre digo que quiero ser elegido cada día y cada noche y no una sola noche para siempre, hace tanto tiempo.

Y es por eso que desconfío de los celos como representantes del buen amor entre dos que están juntos.

Decir que en realidad te controlo, te celo y te persigo porque tengo mucho miedo a perderte es una tontería.

Los celos tienen como motor principal las propias inseguridades y no el amor.

Si confío en lo que yo te quiero y me siento querido por ti, no ando con miedo a que tengas una historia por ahí.

Ambrose Bierce define los celos como el miedo que uno tiene de perder al otro, aunque agrega: si lo perdiera por lo que tiene miedo de perderlo no valdría la pena haberlo conservado.

No se puede amar sin libertad, no se puede amar estando prisionero. Convivir es mucho más que estar juntos, mucho más difícil, mucho más desgastante, mucho más movilizador, mucho más...

La convivencia implica necesariamente la constitución de una lista de pactos que mientras no convivíamos no eran necesarios, y por eso representa en sí misma una gran puesta a prueba para el vínculo amoroso.

Posiblemente por eso, las parejas más jóvenes parecen haber tomado conciencia de estas dificultades y han diseñado pactos de convivencia transitoria. Primero fueron las escapadas de vacaciones; después, la convivencia de unas semanas antes de casarse; luego se fueron a vivir juntos para después casarse; y ahora pareciera que la decisión es convivir "en lugar" de casarse. Esta evolución no me alegra, pero es lo que está sucediendo.

Mucho tiempo me llevó entender que la decisión de convivir, tanto para hombres como para mujeres, es parte de un rito que separa un antes y un después. Es muy diferente que nos peleemos, te lleve a tu casa y yo vuelva a la mía que, enojado por lo que me dices, te cuelgue el teléfono y no te llame hasta que se me pase; que no atienda el timbre de la puerta para ignorarte comparado con discutir a rabiar y acostarse a dormir en la misma cama toda la noche.

Es cierto que casarse o no casarse no cambia gran cosa de cara al futuro. Quienes quieren separarse lo harán de todas maneras.

Primero, porque el divorcio existe, y especialmente porque aunque el divorcio legal no existiera, ¿qué me podría retener a mí al lado de alguien con quien no quiero seguir?

Nadie puede obligar a nadie a quedarse donde no quiere. La gente que quiere irse y no se va, se queda porque no está dispuesta a pagar el precio.

Quizá, después de todo lo hablado, establecido y aprendido, sea hora de desterrar todas las mentiras y valorar realmente la relación que uno tiene con la persona que ha elegido como pareja para avanzar juntos hacia el proyecto común.

Porque...

Ahora que sé que no se ama una sola vez en la vida y para siempre, que mi pareja bien podría haberme dejado de amar o dejarme de amar mañana... Valoro que siga conmigo.

Ahora que sé que el sexo no necesariamente está ligado al amor y que, en realidad, ella podría elegir con quién va a tener relaciones sexuales... me alegra saber que quiera tener relaciones conmigo.

Ahora que sé que mi esposa podría estar amando a más de una persona a la vez, o que podría amar a otra persona... me gusta sentirme único o privilegiado.

Ahora que sé que se deja de amar y que ella elige y yo también... me alegra sentir que nos seguimos amando.

Al igual que en el camino de la vida, a veces todo termina como empezó. Comenzamos con la alegoría del carruaje y terminaremos con ella:

Integrados como un todo, mi carruaje, los caballos, el cochero y yo recorrimos con cierto trabajo los primeros tramos del camino.

A medida que avanzaba cambiaba el entorno, por momentos árido y desolador, por momentos florido y confortante; cambiaban las condiciones climáticas y el grado de dificultad del sendero, a veces suave y llano, otras áspero y empinado, otras resbaladizo y en pendiente; cambiaban, por fin, mis condiciones anímicas: aquí, sereno y optimista; antes, triste y cansado; más allá, fastidioso y enojado.

Ahora, con la experiencia del camino recorrido, siento que, en realidad, los únicos cambios importantes eran los internos, como si los de fuera dependieran de éstos o simplemente no existieran.

En un momento me detuve a contemplar las huellas dejadas atrás, me sentía satisfecho y orgulloso; para bien y para mal, mis triunfos y mis frustraciones me pertenecían.

Sabía que una nueva etapa me esperaba, pero también que podría dejar que me esperara para siempre sin siquiera sentirme un poco culpable. Nada me obligaba a seguir adelante, nada que no fuera mi propio deseo de hacerlo.

Miré hacia delante.

El sendero me resultaba atractivamente invitante.

Desde el comienzo el trayecto parecía lleno de colores infinitos y formas nuevas que despertaban mi curiosidad.

Mi intuición me decía que también debía estar lleno de peligros y dificultades, pero eso no me asustó; ya había aprendido a contar con todos mis recursos y no dudaba que con ellos sería suficiente para enfrentar cada peligro y traspasar cada dificultad. Definitivamente soy vulnerable, pero no frágil.

Sumido en el diálogo interno, me pareció que el paisaje disfrutaba tanto de mi presencia como yo disfrutaba de él, a juzgar por su decisión de volverse a cada instante más hermoso.

De pronto, a mi izquierda, por un sendero paralelo al que recorría, vi moverse una sombra por detrás de unos matorrales.

Presté atención y, en un claro, pude ver que era otro carruaje que por el camino avanzaba en mi misma dirección.

Me sobresaltó su belleza: la madera oscura, los bronces brillantes, las ruedas majestuosas, la suavidad de sus formas torneadas y armónicas...

Me di cuenta de inmediato que me había deslumbrado.

Le pedí al cochero que acelerara la marcha para ponernos a la par. Los caballos corcovearon y desataron el trote. Sin que nadie lo indicara, ellos solos fueron acercando el carruaje al otro.

El carruaje vecino también era tirado por dos caballos y también tenía un cochero llevando las riendas. Sus caballos y los míos acompasaron su trote espontáneamente, como si fueran una sola cuadrilla.

Los cocheros parecían haber encontrado un buen momento para descansar, porque ambos acabaron acomodándose en el pescante mientras con la mirada perdida sostenían relajadamente las riendas dejando que el camino nos llevara.

Recuerdo que yo estaba tan encantado con la situación que, solamente un largo rato después, descubrí que el otro carruaje también llevaba pasajero. No es que pensara que no debía llevarlo, es sólo que no lo había visto.

Cuando lo miré, noté que también él me estaba mirando. Con la intención de hacerle saber mi alegría, le sonreí con genuino interés y, en respuesta, él desde su ventana, me saludó animadamente con la mano.

Para mi propia sorpresa y sin pensarlo me animé a susurrarle demasiado tímidamente un "hola" y, continuando con el misterio, o quizá no tanto, él también me habló:

—Hola. ¿Vas hacia allá?

—Sí —respondí con alegría—. ¿Vamos juntos?

—Claro —me dijo con naturalidad—, vamos.

Yo respiré profundamente. Me sentía satisfecho.

En todo el camino recorrido no había encontrado nunca un compañero de ruta.

Me sentía feliz de haberlo encontrado, aunque no sabía muy bien por qué.

Hoy sigo contento de disfrutar de su compañía, sigo sin saber por qué... Y no tengo ningún interés especial en saberlo.

EPÍLOGO

El mundo cotidiano, nuestra familia, nuestra pareja, el trabajo, la ciencia y la política, lejos de estar constituidos por elementos de una realidad incuestionable e independiente de nosotros, están más bien configurados por lo que entre todos construimos activamente.

Inquietantemente, lo hacemos a partir del pequeñísimo porcentaje de información que recibimos a través del más que limitado número de estímulos que son capaces de captar nuestros sentidos.

Es evidente entonces que nuestra visión —y, desde allí, forzosamente el más objetivo de nuestros análisis— supone siempre una cierta cuota de imaginación, bastante de relleno subjetivo y un nivel de interpretación nada despreciable.

Sabiendo entonces quién soy y conociendo mi rumbo, eligiendo muy conscientemente de quién me acompaño, no sólo podré tener un camino sereno y placentero, no sólo podré desarrollar una percepción más optimista de las cosas, sino que también, inevitablemente, avanzaré en la dirección de conseguir que el mundo se transforme más y más en aquello que deseo, para mí y para todos.

Cuando hablo de saber quién soy, de saber hacia dónde voy y de ser capaz de elegir amorosamente con quién, no puedo dejar de recordar el cuento del labrador y su testamento, que es aquí mi despedida.

Cuentan que el viejo Nicasio se asustó tanto con su primer dolor en el pecho que mandó llamar al notario para dictarle un testamento.

El viejo siempre había conservado el mal sabor de boca que le había dejado la horrible disputa sucedida entre sus hermanos a la muerte de sus padres. Se había prometido que nunca permitiría que esto pasara entre Fermín y Santiago, sus dos hijos. Dejó por escrito que, a su muerte, un agrimensor viniera hasta el campo y lo midiera al milímetro. Una vez hecho el registro, debía dividir el campo en dos parcelas exactamente iguales y entregar la mitad del lado este a Fermín —que ya vivía en una pequeña casita en esa mitad con su esposa y sus dos hijos—, y la otra a Santiago, que a pesar de ser soltero, pasaba algunas noches en la casa vieja que estaba en la mitad oeste del campo. La familia se había mantenido toda la vida con el labrado de ese terreno, así que no dudaba que esto les dejaría lo suficiente como para tener siempre qué comer.

Pocas semanas después de firmar este documento y contarles a sus hijos su decisión, una noche, Nicasio murió.

Como estaba establecido, el agrimensor hizo el trabajo de medición y dividió el terreno en dos partes iguales, clavando dos estacas a cada lado del terreno y tendiendo una cuerda entre ellas.

Siete días habían pasado cuando Fermín, el mayor de los hijos del finado, entró en la iglesia y pidió hablar con el sacerdote, un viejo sabio y bondadoso que lo conocía desde que lo había bautizado.

—Padre —dijo el mayor de los hermanos—, vengo lleno de congoja y arrepentimiento. Creo que por corregir un error estoy cometiendo otro.

—¿De qué se trata? —preguntó el párroco.

—Le diré, padre. Antes de morir, el viejo estableció que el terreno se dividiera en partes iguales. Y la verdad, padre, es que me pareció injusto. Yo tengo esposa y dos hijos, y mi hermano vive solo en la casa de la colina. No quise discutir con nadie cuando me enteré, pero la noche de su muerte me levanté y corrí las estacas hasta donde debían estar... Y aquí viene la situación, padre. A la mañana siguiente, la soga y las estacas habían vuelto a su lugar. Pensé que había imaginado el episodio, así que la noche siguiente repetí el intento, y por la mañana otra vez la cuerda estaba en su lugar. Hice lo mismo cada noche desde entonces y siempre con el mismo resultado. Y ahora, padre, pienso que quizá mi padre esté enojado conmigo por vulnerar su decisión y su alma no pueda ir al cielo por mi culpa. ¿Puede ser que el espíritu de mi papá no se eleve por esto, padre?

El viejo cura lo miró por encima de sus anteojos y le dijo:

—¿Tu hermano sabe ya esto?

—No, padre —contestó el muchacho.

—Anda, dile que venga que quiero hablar con él.

—Pero, padrecito... Mi viejo...

—Después vamos a hablar de eso, ahora tráeme a tu hermano.

Santiago entró en el pequeño despacho y se sentó frente al cura, que no perdió el tiempo:

—Dime... Tú no estuviste de acuerdo con la decisión de tu padre sobre la división del terreno en partes iguales, ¿verdad? —el muchacho no entendía muy bien cómo el sacerdote sabía de sus sentimientos—. Y, a pesar de no estar de acuerdo, no dijiste nada, ¿no es cierto?

—Para no enojar a papá —argumentó el joven.

—Y para no enojarlo te levantaste todas las noches para hacer justicia con tu propia mano, corriendo las estacas, ¿no es así?

El muchacho asintió con la cabeza entre sorprendido y avergonzado.

—Tu hermano está ahí afuera, dile que pase —ordenó el cura.

Unos minutos después, los dos hermanos estaban sentados frente al sacerdote mirando silenciosamente el suelo.

—¡Qué vergüenza! Su padre debe de estar llorando desconsolado por ustedes. Yo los bauticé, yo les di la primera comunión, yo te casé a ti, Fermín, y bauticé a tus hijos, mientras que tú, Santiago, les sostenías las cabecitas en el altar. Ustedes, en su necedad, han creído que su padre regresaba de la muerte a imponer su decisión, pero no es así. Su padre se ha ganado el cielo sin lugar a dudas y allí estará para siempre. No es ésa la razón del misterio. Ustedes dos son hermanos y, como muchos hermanos, son iguales. Así fue como cada uno, por su lado, guiado por el mezquino impulso de sus intereses, se ha levantado cada noche desde la muerte de su padre para correr las estacas. Claro, por la mañana las estacas aparecían en el mismo lugar. Por supuesto, ¡si el otro las había cambiado en sentido contrario!

Los dos hermanos levantaron la cabeza y sus miradas se encontraron.

—¿De verdad, Fermín, que tú...?

—Sí, Santiago, pero nunca pensé que tú... Yo creí que era el viejo enojado...

El más joven se rio y contagió a su hermano.

—Te quiero mucho, hermanito —dijo Fermín emocionado.

—Y yo te quiero a ti —contestó Santiago, poniéndose de pie para abrazar a Fermín.

El cura estaba rojo de furia.

—¿Qué significa esto? Ustedes no entienden nada. Pecadores, blasfemos. Cada uno de ustedes alimentaba su propia ambición y encima se felicitan por la coincidencia. Esto es muy grave...

—Tranquilo, padrecito... El que no entiende nada, con todo respeto, es usted —dijo Fermín—. Todas las noches yo pensaba que no era justo que yo, que vivo con mi esposa y mis hijos, recibiera igual terreno que mi hermano. Algún día, me dije, cuando seamos mayores, ellos se van a hacer cargo de la familia; en cambio Santiago está solo, y pensé que era justo que él tuviera un poco más, porque lo iba a necesitar más que yo. Y me levantaba a correr las estacas hacia mi lado para agrandar su terreno...

—Y yo... —dijo Santiago con una gran sonrisa—. ¿Para qué necesitaba yo tanto terreno? Pensé que no era justo que viviendo solo recibiera la misma parcela que Fermín, que tiene que alimentar cuatro bocas. Y entonces, como no había querido discutir con papá en vida, me levanté cada una de estas noches para correr las estacas y agrandar el campo de mi hermano.

BIBLIOGRAFÍA

Marcos Aguinis, *El elogio de la culpa*, Sudamericana, Buenos Aires, 1996.

Philippe Ariès, *El hombre ante la muerte*, Taurus, Madrid, 1992.

Jaime Barylko, *Educar valores*, Ameghino, Buenos Aires, 1999.

_____, *Sabiduría de la vida*, Emecé, Buenos Aires, 2000.

Simone de Beauvoir, *La fuerza de las cosas*, Edhasa, Barcelona, 1987.

_____, *La vejez*, Edhasa, Barcelona, 1989.

M. C. Betancur, *El día que te quieras*, Plaza y Janés, Bogotá, 1999.

Jorge Bucay, *El camino de la autodependencia*, Océano, México, 2000.

_____, *El camino del encuentro*, Océano, México, 2001.

_____, *El camino de las lágrimas*, Océano, México, 2002.

_____, *El camino de la felicidad*, Océano, México, 2002.

Gracieka Cohen, *El camino real*, Luz de Luna, Buenos Aires, 2001.

Bill Cosby, *El tiempo vuela*, Urano, Barcelona, 1987.

Norman Cousins, *La voluntad de curarse*, Emecé, Buenos Aires, 1981.

Dalai Lama, *El arte de la felicidad*, Grijalbo Mondadori, Barcelona, 2000.

Hugo Dopaso, *El buen morir*, Era Naciente, Buenos Aires, 1994.

Albert Ellis, *Usted puede ser feliz*, Paidós, Barcelona, 2000.

Viktor Frankl, *El hombre en busca de sentido*, Herder, Barcelona, 1986.

———, *Psicoanálisis y existencialismo*, Fondo de Cultura Económica, México, 1978.

Sigmund Freud, *Consideraciones de actualidad sobre la guerra y la muerte*, en *Obras completas*, t. II, Biblioteca Nueva, Madrid, 1968.

———, *Tótem y tabú*, Alianza, Madrid, 1999.

Barney Glaser y Anselm Strauss, *Time for Dying*, Aldine Publishing, New York, 1968.

Martin L. Gross, *La falacia de Freud*, Cosmos, Madrid, 1978.

Francisco Jálics, *Aprendiendo a compartir la fe*, Paulinas, Buenos Aires, 1979.

Daniel Kriper, *La muerte, el duelo y la esperanza*, Nueva Congregación Israelita de Montevideo, Montevideo.

Jiddu Krishnamurti, *El vivir y el morir*, en *Obras completas 1933-1967*, t. I, Kier, Buenos Aires, 1999.

———, *Libérese del pasado*, Orión, Buenos Aires, 1989.

Elisabeth Kübler-Ross, *La rueda de la vida*, Ediciones B, Barcelona, 1997.

———, *On Death and Dying*, Scribner, New York, 1997.

———, *Preguntas y respuestas a la muerte de un ser querido*, MR Ediciones, Barcelona, 1998.

Jacques Lacan, *La ética*, en *El seminario*, Paidós, Barcelona, 1981.

Tony Lake, *Living with Grief*, Sheldon Press, New York, 1984.

Liberman, Diana y Silvia Alper, *El duelo de la viudez* en www.duelum.com.ar

Maud Mannoni, *La última palabra de vida*, Nueva Visión, Buenos Aires, 1997.

———, *Lo nombrable y lo innombrable*, Nueva Visión, Buenos Aires, 1997.

Enrique Mariscal, *El arte de sufrir inútilmente*, Serendipidad, Buenos Aires, 1998.

_____, *Cuentos para regalar*, Serendipidad, Buenos Aires, 2003.

Desmond Morris, *El contrato animal*, Emecé, Buenos Aires, 1990.

Osho, *Vida, amor, risa*, Gulaab, Móstoles, 1993.

_____, *Muerte, la mayor ficción*, Gulaab, Móstoles, 1997.

Osho, *Tao, los tres tesoros*, Sirio, Málaga, 2005.

Wendy Paris, *Happily Ever After*, HarperCollins, New York, 2001.

Frederick S. Perls, *Yo, hambre y agresión*, Fondo de Cultura Económica, México, 1975.

_____ *et al.*, *Terapia gestalt*, Ediciones de la Sociedad de Cultura Valle Inclán, Ferrol, 2002.

Dennos Prager, *A la conquista de la felicidad*, Norma, Bogotá, 1999.

Carl Rogers, *El proceso de convertirse en persona*, Paidós, Barcelona, 1982.

Fernando Savater, *Ética para Amador*, Ariel, Barcelona, 2000.

_____, *El contenido de la felicidad*, El País-Aguilar, Madrid, 1994.

Adriana Schnake, *Sonia, te envío los cuadernos color café*, Estaciones, Buenos Aires, 1987.

_____, *El lenguaje del cuerpo*, Cuatro Vientos, Santiago de Chile, 1993.

Karl Slaiken y Steve Lawhead, *El factor fénix*, Planeta, Buenos Aires, 1988.

Teresa de Calcuta, *Enseñanzas*, Libro Latino, Buenos Aires, 1999.

Judith Viorst, *Control imperfecto*, Emecé, Buenos Aires, 1999.

_____, *Necessary Losses*, Free Press, New York, 1988.

Paul Watzlawick, *Lo malo de lo bueno*, Herder, Barcelona, 1990.

Esta obra se imprimió y encuadernó
en el mes de septiembre de 2017,
en los talleres de Grupo Infagón,
Alcaiceria 8, Col. Zona Norte Central de Abasto,
C.P. 09040, Iztapalapa, Ciudad de México